教育の泉 13

"ダメ事例"から授業が変わる！
小学校の
アクティブ・ラーニング入門
―資質・能力が育つ"主体的・対話的な深い学び"―

編著

寺本　貴啓
後藤　顕一
藤江　康彦

本書について

1．アクティブ・ラーニングの視点に立った授業改善を学びたい先生へ

　小学校でアクティブ・ラーニングの視点に立った授業をする際、まずは本書のような教師用の専門書を読んで学びます。しかし、専門書であってもハウツー的なものが多く、**どのような背景で導入され、何が目的となっているのか、また、小学校でのアクティブ・ラーニングをどのように考えればいいかについて述べられているものは現段階で極めて少ないです**。その理由は、中央教育審議会などで「アクティブ・ラーニングの視点に立った授業改善」という文脈で用いられていた言葉であったはずが、いつしかそこでの議論の内容をよく理解せずに、**アクティブ・ラーニングという言葉だけを取り上げ、背景や目的を十分に理解しないままに解釈し、著者たちが我流で進めていることにある**といえます。つまり小学校の先生がアクティブ・ラーニングを意識した授業をする際、**拠り所となる本が極めて少ないのです**。我々は、そのような現状を憂慮し、小学校のアクティブ・ラーニングの視点に立った授業改善を考える際の入門書として、**本書をまとめることにしました**。

　小学校でのアクティブ・ラーニングについて「子供が活動的になっていればいいんでしょ？」「高校や大学の話でしょ！小学校ではもうやっているよ」と聞くことがあります。また、「思考が活動的になっていればいい」「子供が考えるようになる〇〇法を使えば、簡単に思考するようになる」という教師の意識や理解から、本に出ている〇〇指導法や〇〇思考法を**アクティブ・ラーニングの意**

〇〇法を使えば、アクティブ・ラーニングになる！

本当かな？

味を深く考えずに授業に導入している場面も見られます。また、**大学でのアクティブ・ラーニングと小学校でのアクティブ・ラーニングを混在させて考えている実践も見られます**。そのため、大学向けのアクティブ・ラーニングの定義をそのまま活用してしまったり、本に載っていたからといって間違った考え方で実践してしまったりしているようです。

そこで、本書では我々がこれまで１年以上研究を続けてきた、
　　１）アクティブ・ラーニングが求められる背景
　　２）小学校におけるアクティブ・ラーニングの考え方（定義）
　　３）小学校におけるアクティブ・ラーニングの成立条件
について第１部第１章でまとめ、評価の仕方についても第１部第３章で事例を紹介しています。また、第２部では、アクティブ・ラーニングの視点から授業改善を目指し、あえて８つの特徴的な「ダメ事例」も紹介します。

２．「資質・能力」の育成はアクティブ・ラーニングの考え方で

　アクティブ・ラーニングは、子供が「活動している姿」になることが目的ではありません。**各教科や領域において、より深い学びを目指したアクティブ・ラーナーになることが目的です**。そのために、「**主体的な深い学びや対話的な深い学び（いわゆるアクティブ・ラーニング）**」が必要になるわけです。そして「何を覚えたか」という学習結果だけではなく、「子供たちの考え方がどのように変わっていくのか」や「どのようなとらえ方や考え方が身に付いているのか」など、**学習過程に着目していく必要があります**。また、中央教育審議会企画特別部会の「論点整理」では、**資質・能力を育成するためにアクティブ・ラーニングの考え方を取り入れる**とあります。そのため、資質・能力の育成とアクティブ・ラーニングがどのように関係しているのかを明らかにしておく必要もあります。

　本書では、第３部において様々な教科において資質・能力を育成するアクティブ・ラーニングの視点に立った授業改善について紹介します。

3．教師が変われば授業が変わる

　資質・能力を育成するアクティブ・ラーニングの視点による授業改善によって、教師のこれまでの児童観や授業観、指導観を変えることが求められることになります。しかし問題を複雑にしているのは、教師によって、もともとできている人もいれば、できていない人もいる、一部だけできている人もいる、できていない人であっても、本人は（一部のことができていることから）できていると思っているなど、**教師個人の指導力や、教師自身の指導力の実感（手応え）に依存している部分が大きい**ということです。

　「論点整理」では、カリキュラム・マネジメントとして、各学校における教育課程の見直しや改革、運営が求められています。また、新学習指導要領でも資質・能力の育成をはじめ、新しく求められるものがあります。それに伴って、**授業の改善も求められ、ベテランも初任者も、まずは自分の授業を客観的に見直す必要があるわけです。**

　本書では、第1部第2章でアクティブ・ラーニングを取り入れた小学校の授業で心がけることについて述べ、第1部第4章ではアクティブ・ラーニングを支える校内授業研究会について述べています。

　これをすればいいという型にはまったアクティブ・ラーニングの授業はありません。先に述べたように、**これからの時代に求められるのは、教師の「指導に対する考え方」や「実際の指導のあり方」の見直しや改善です。**

　本書の中身が全てではありませんし、実態に応じて読み替えていただく必要があります。大切なのは、目の前の子供は以前と同じではないため、これまで行ってきた指導方法を繰り返すのではなく、目の前の子供に合わせてどのように授業を変えるのかを考え、実践することであり、**教師にとっても「現在の指導に満足しない、学び続ける心」が求められている**のではないでしょうか。

編著者代表

CONTENTS

本書について……………………………………………………………………… 3

第1部 理 論 編

第1章　小学校における資質・能力を育成する
　　　　アクティブ・ラーニングの考え方……………………………… 10

第2章　アクティブ・ラーニングの視点で小学校の授業を行うにあたって
　　　　心がけること………………………………………………………… 26

第3章　アクティブ・ラーニングの視点に立った深い学びの
　　　　評価と授業改善……………………………………………………… 34

第4章　アクティブ・ラーニングの視点に立った授業研究のあり方……… 42

◆コラム　「アクティブ・ラーニング」を支える子供の学習習慣………………… 50

第2部 これではダメ！ダメ！ アクティブ・ラーニング　ダメ事例8パターン

1　子供の思考を無視して課題を設定してはダメ！ダメ！……………………… 52
2　思考を促すワークシートをいつも教師から与えるだけではダメ！ダメ！… 53
3　「知識がたくさん身に付けば深い学びだ」ばかりではダメ！ダメ！……… 54
4　子供の準備が不十分なのに主体性を求めてもダメ！ダメ！………………… 55
5　「活動や方法」の導入が目的になっている授業をしてはダメ！ダメ！…… 56
6　全体ができていれば、一人一人もできていると考えたらダメ！ダメ！…… 57
7　問題意識さえもてば、解決方法の見通しまでもてると
　　考えてはダメ！ダメ！……………………………………………………… 58
8　「どんな考えでもよいから、とにかく話し合うことが大切」と
　　考えたらダメ！ダメ！……………………………………………………… 59

◆コラム　あなたの「アクティブ・ラーニング」の言葉の使い方は大丈夫?……… 60

第3部 アクティブ・ラーニングの視点からみた授業改善 8 実践

- 実践1　主体的な活動を促す工夫 …………………………………… 62
  - **4年社会**　水はどこから
- 実践2　問題意識をもたせる工夫 …………………………………… 68
  - **5年理科**　電流が生み出す力
- 実践3　考え方を身に付けさせる工夫① ………………………… 74
  - **6年算数**　順序よく整理して調べよう
- 実践4　考え方を身に付けさせる工夫② ………………………… 80
  - **6年国語**　海の命
- 実践5　自分自身をメタ認知する …………………………………… 86
  - **6年国語＋特別活動**　「学校案内マップ」を書こう
- 実践6　様々な意見から判断し合意形成させる工夫 …………… 92
  - **4年総合**　他校の友達と交流しよう
- 実践7　批判的な思考を促す工夫 …………………………………… 98
  - **6年理科**　電気の利用
- 実践8　深い学びにつなげるための工夫 ………………………… 104
  - **5年算数**　整数の性質

第1部 理論編

　第1部では、アクティブ・ラーニングに関する理論について4つの章に分けて解説する。第1章では、資質・能力の育成を目指したアクティブ・ラーニングを考えるにあたっての背景・定義など、本書におけるアクティブ・ラーニングの基本的な考え方について述べる。第2章では、小学校の授業においてどのような点に留意すべきかについて述べる。第3章では、アクティブ・ラーニングの視点に基づく授業改善が子供の学習の質を高めているかについて判断するための評価の方法について述べる。第4章では、アクティブ・ラーニングの視点に立った授業研究のあり方として、どのように授業研究に取り組むべきかについて述べる。

第1部「理 論 編」

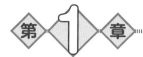

小学校における資質・能力を育成する アクティブ・ラーニングの考え方

1 アクティブ・ラーニングは、日頃の授業の見直しや改善が目的である

　将来の変化を予測することが困難な時代を前に、これまでのような「何を知っているのか」という「知識重視」「結果重視」「教師主導」の教育から、「何ができるようになるのか」という知識や思考を組み合わせて自ら解決する「考え方重視」「過程重視」「学習者主体」の教育が重視されるようになった。

　かつてのインターネットや携帯電話が普及していない時代には、たくさん知識をもつ人材の育成が求められた。しかし、現代のような知識基盤社会においては、自ら問題や困難に対応できる力や複数の情報を組み合わせて創造する力をもつ人材の育成が求められるといえる。

　2015年8月26日、新学習指導要領の方向性を示す、教育課程企画特別部会の論点整理（以下「論点整理」）が出された。新学習指導要領では「社会に開かれた教育課程」を目指しているが、その中でのキーワードは「資質・能力」「主体的・対話的な深い学び（アクティブ・ラーニング）」「カリキュラム・マネジメント」の3つであるといえる。特に「資質・能力」に関しては、学校教育法30条2項に示されている「学力の三要素」、①知識・技能、②思考力・判断力・表現力等、③主体的に学習に取り組む態度、をもとに、「三つの柱（①何を知っているか、何ができるか、②知っていること・できることをどう使うか、③どのように社会・世界とかかわり、よりよい人生を送るか）」が打ち出され、中央教育審議会のワーキンググループでも3つの柱それぞれにおける育成すべき資質・能力を構造的に示そうとしている。

　これからの教育においては、まず「育成すべき資質・能力」を明らかにし、その資質・能力を各教科や教科横断、校種間で育成することが求められる。そしてその資質・能力を育成するためには、学びの量とともに学びの質や深まり

が必要になるため、「どのように学ぶのか」という、「課題の発見・解決に向けた主体的・協働的な学び（アクティブ・ラーニング）」が求められているといえる。

　では、新学習指導要領になるにあたって、小学校では現在行っている指導からどれだけ大きく変わるのだろうか。実際は、気構える必要はない。大学受験対策を理由に講義一辺倒の授業が展開されてきたと批判されている高等学校においては、指導方法の改善が大きく求められることになる。一方、小学校では、以下のようにこれまでの教育の方向性から少し指導の目的を変えたり、指導内容を増やしたりする程度であるといえるが、さらなる授業の見直しや改善が求められるといえる。

● **資質・能力の育成を意識した指導か**
　国立教育政策研究所の「資質・能力 理論編」(2016)によると、学びの過程で子供が身に付けるべき「資質・能力」とは、学びはじめの段階では「新しいことを学ぶ際に使える『潜在的な学ぶ力や考える力』」、学びが進んでいった段階では「教科等の質の高い知識やその学び方に関するメタ認知、ものの見方・考え方を含む総体」としている。
　各教科や教科横断的に子供にどのような資質・能力を身に付けるのかを明確にする。また、その資質・能力を学習者がどのように身に付けていくのかを授業改善と絡めて検討する必要がある。

● **主体的・対話的な深い学び（アクティブ・ラーニング）を重視した指導か**
　自分事として取り組み、実感を伴った理解をするためには、教師主導ではなく、課題の発見・解決に向けた主体的・対話的な学びになるような、学習過程に着目した学習者主体の授業に変えていく必要がある。

● **指導の理念や目的は理解していても実際の指導ができているのか**
　「これまでの指導でもやっている」と言われている。しかしそれは、これまでも言われていたので「やっている」という意味なのか、実際の指導でもできているから「やっている」という意味なのか。自らの指導が実際にどのように行われ、さらにそれがどのように効果をあげているかについて日頃の授業を見直す（マネジメント）必要がある。

　毎年かかわる子供は同じではない。そのため、固定化された指導をするので

はなく、目の前の子供たちの実態に合わせ、自らの授業を見直し、改善したり、新しい時代に合った観点に対応したりすることが改めて求められているといえる。

2　アクティブ・ラーニングが求められるようになった背景とは

我が国の教育においてアクティブ・ラーニングという言葉が大きく注目されるようになったのは、2012年の大学教育に対する中央教育審議会の答申「新たな未来を築くための大学教育の質的転換に向けて～生涯学び続け、主体的に考える力を育成する大学へ～（答申）」（中央教育審議会：2012）が始まりといえる。それを受け、大学教育を対象とした書籍が2013年頃から出はじめた。しかし当時は、大学以外の校種（小学校・中学校・高等学校）においては特に意識されるものではなかった。小学校・中学校・高等学校の教育関係者にとって、アクティブ・ラーニングを検討する必要性が感じられるようになったのは、2014年11月26日の中央教育審議会への諮問「初等中等教育における教育課程の基準等の在り方について（諮問）」であるといえる。そこには、以下のように示されており、学びの質や深まりを重視するために主体的・協働的に学ぶ学習の必要性が述べられている。

> …『何を教えるか』という知識の質や量の改善はもちろんのこと、『どのように学ぶか』という、学びの質や深まりを重視することが必要であり、課題の発見と解決に向けて主体的・協働的に学ぶ学習（いわゆる『アクティブ・ラーニング』）や、そのための指導の方法等を充実させていく必要があります。

これを受け、先述の「論点整理」（2015年8月）においても、資質・能力を育成する意味でのアクティブ・ラーニングの意義が述べられた。このような背景より、アクティブ・ラーニングは、大学教育だけではなく、小学校・中学校・高等学校の授業においても今後どのように考えるのか検討する必要性が出てきたのである。

3　氾濫する「ダメな」アクティブ・ラーニングのとらえ方

第2節のような背景から、小学校でもアクティブ・ラーニングが検討されるようになり、2014年の中央教育審議会への諮問以降、小学校向けの書籍も出版

されるようになった。しかしながら、2014年以降出版された書籍の中には大学を対象としたものが混在し、小学校対象であってもアクティブ・ラーニングの定義やあり方が十分に検討されずに出版されているもの、タイトルと中身が一致していないものが見受けられる。そこで本節では、小学校におけるアクティブ・ラーニングの問題点について明らかにする。

まず、前述の大学教育に対する中央教育審議会の答申（2012）に示されているアクティブ・ラーニングの定義を見てみよう（下線は筆者）。

> <u>教員による一方向的な講義形式の教育とは異なり、学修者の能動的な学修への参加を取り入れた教授・学習法の総称</u>。学修者が能動的に学修することによって、認知的、倫理的、社会的能力、教養、知識、経験を含めた汎用的能力の育成を図る。発見学習、問題解決学習、体験学習、調査学習等が含まれるが、教室内でのグループ・ディスカッション、ディベート、グループ・ワーク等も有効なアクティブ・ラーニングの方法である。

この大学を対象とした定義では、アクティブ・ラーニングを「学修者の能動的な学修への参加を取り入れた教授・学習法の総称」としている。つまり、大学教育において「一方向的な講義形式」から「学修者の能動的な学修への参加」が重視されるようになり、アクティブ・ラーニングを「活動的になるための指導法の導入」と理解されるようになった。一方、2014年10月に出版された溝上（2014）も大学教育を対象としているが、アクティブ・ラーニングを次のように定義している。

> 一方的な知識伝達型講義を聴くという（受動的）学習を乗り越える意味での、あらゆる能動的な学習のこと。能動的な学習には、書く・話す・発表するなどの活動への関与と、そこで生じる認知プロセスの外化を伴う。

この定義では、「一方的な知識伝達型講義を聴くという（受動的）学習を乗り越える意味での」とあり、受動的な学習に対する提言であることが分かる。ここで着目すべきは先述の中央教育審議会（2012）を発展させ「教授法」ではなく、「学習」を使っていることで、学習者の立場に立って「活動的になること」ではなく「思考過程を見える化すること」の重要性に言及していることである。

上述のように当初アクティブ・ラーニングは、大学教育を対象に述べられて

いたが、2015年になり、急に小学校における考え方や実践例の書籍が出てくるようになった。最近の小学校の実践事例をみると、大学教育同様「アクティブ・ラーニング＝指導法の導入」として意味付けている事例や、学習内容の深化ではなくアクティブ・ラーニング自体が目的化している事例が出ている。また、学習者の考え方の発表や交流など、表現のみに重点を置いた「言語活動の充実」と全く変わらない事例、意欲を高めるにとどまるだけの事例のように、アクティブ・ラーニングの一部の要素だけを取り上げている事例もみられる。

このような現状に対し、論点整理では次のようにも述べられている。

> …指導法を一定の型にはめ、教育の質の改善のための取り組みが、狭い意味での授業の方法や技術の改善に終始するのではないかといった懸念などである。…これらの工夫や改善が、ともすると本来の目的を見失い、特定の学習や指導の「型」に拘泥する事態を招きかねないのではないか…

これは、「○○法を使えばアクティブ・ラーニングになる」「○○法はアクティブ・ラーニングである」「自分自身の考えを表現させればよい」といった類いの考え方を指していると考えられ、指導者が固定化した指導法や考える方法を学習者に与えていることを問題として指摘しているといえる。しかし、「○○法」を使うこと自体が悪いというわけではない。問題は、子供自身にどういう文脈で使い、どのように有用なのかを意識させないままに使わせ、教師は「○○法」を使うことで子供が活動的になっていることで安心してしまっていることである。このような「型にはまった指導法」を通して、外面的に活動的な姿（ダメなアクティブ・ラーニング）を目的としたダメ事例モデルを示す（図1）。

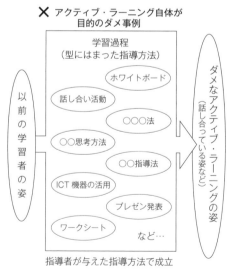

図1　目的がずれているダメ事例モデル

以上のように、指導方法の導

入自体や、行動や協働する「姿が表れること自体」が本当の目的ではないことに留意したい。

4 小学校におけるアクティブ・ラーニングとは
(1) 小学校のアクティブ・ラーニングは単なる「方法」ではない！

　第3節で述べたように、アクティブ・ラーニングの定義の多くは大学を対象としており、「活動的になる指導法の導入」のために「アクティブ・ラーニング」という用語が使われていることが明らかになった。しかしながら、小学校段階では、「一方的な知識伝達型講義」は多くなく、もともと大学教育を対象とした、中央教育審議会（2012）や溝上（2014）の定義をそのまま小学校における定義とするには無理がある。そのため、アクティブ・ラーニングの目的や意義を小学校でも合うように再整理する必要がある。

　まず、小学校におけるアクティブ・ラーニングの基本的な考え方は、新学習指導要領の方向性が示されている、教育課程企画特別部会の「論点整理」（2015）を読み解く必要がある。そこで重要となるのは「…課題の発見・解決に向けた主体的・協働的な学び（いわゆる『アクティブ・ラーニング』）…」の部分であろう。アクティブ・ラーニングという言葉が一人歩きしているようであるが、アクティブ・ラーニングはあくまでも「課題の発見・解決に向けた主体的・協働的な学び」と示されている。したがって、主体的な学び、協働的な学びになる条件とは何かについて、それぞれ分けて検討する必要がある。

　また、最近の中央教育審議会の議論（文部科学省、2016）では、各教科の本質に迫ったり、子供たちの「見方や考え方」を成長させたりするためにアクティブ・ラーニングが重要であり、「深い学び」「対話的な学び」「主体的な学び」の3つのアクティブ・ラーニングの視点が必要とされている。これからはこのような視点で、授業の見直しや改善に取り組む必要がある。

　さらに、これまでの「主体的・協働的な学び」を、「主体的・対話的な深い学び」と用語が若干変わってきていることに着目したい。本書では、以降、これからの方向性に対応するために、引用以外の部分は「協働的」を「対話的」に置き換えて解説することとする

　以上より、小学校におけるアクティブ・ラーニングには外面的な活動ではなく、資質・能力を育むための深い学びを目的とし、主体的・対話的な学びを行

うことが求められるといえる。

　それでは、「主体的な深い学び」や「対話的な深い学び」はそれぞれ学習者にどのような姿を求めればよいのだろうか。本書における「主体的な深い学び」や「対話的な深い学び」それぞれで求める学習者の姿を、次のように定義する。

> **「主体的な深い学び」の姿**
>
> 　個人の学びが深くなるという目的を達成するために、自分自身で判断し行動できる。
>
> **「対話的な深い学び」の姿**
>
> 　集団での対話を通して、異なる意見の共通点や差異点を整理し、学習目標を達成するための最適解を選択する判断をしたり、学習目標に合わせて情報を組み合わせたりすることで、新たな知識や考え方の共有や創造をするために行動できる。
>
> 　また、集団による新たな知識や考え方の共有や創造から、個人の学びがより深くなっていく。

　このように、アクティブ・ラーニングは、あくまでも主体的・対話的な学びを通して「学習者の学習内容における学びがより深くなること」が目的であるといえる。以上のような、主体的な深い学び、対話的な深い学びそれぞれで求める学習者の姿から、アクティブ・ラーニングの定義を次に示す。

　なお、本定義は小学校、中学校、高等学校共通の汎用性のある定義として設定している。

> **アクティブ・ラーニングの定義**
>
> 　学習者の学びが深くなることを目的として、各個人が目的を達成するために当事者意識をもって判断し行動できたり、集団での対話や活動を通して知識の共有や新たな考え方の創造ができたりするなど、個人や集団の学習が能動的になっている学びの姿そのものを指す。

本定義について、アクティブ・ラーニングを大学教育のように「教授・学習法の総称」（中央教育審議会の答申：2012）にせず、明確に「学びの姿そのもの」とした理由について、次の2つを補足しておく。

1つめは、再び「論点整理」（2015）の「…課題の発見・解決に向けた主体的・協働的な学び（いわゆる『アクティブ・ラーニング』）…」の部分を思い出していただきたい。これを読むと、「主体的・協働的（対話的）な学び＝アクティブ・ラーニング」であることが読み取れる。このことから、アクティブ・ラーニングは、主体的な学び、対話的な学びの総称であることが分かる。また、「学び」という言葉からは、学習者の学習の結果を示すものではなく、学習の過程であると解釈することができる。

2つめは、仮にアクティブ・ラーニングを「教授・学習法」、すなわち「方法」であるとした場合、「指導者が与える学習者を活動させるための方法（指導法）」と「学習者が習得する方法（スキル・学習法）」という2つの間違ったニュアンスが含まれてしまい、混乱させることが問題であるといえる。前者は、教師が与えている時点で主体的ではないという理由で問題であり、後者は、アクティブ・ラーニングで目指すものが、単なる考え方や学習方法のみに重点が置かれる危険性がある。そもそも、「方法（スキル）が使えること」はアクティブ・ラーニングの一部の要素であり、方法（スキル）が使えること以外にも意欲をもつことやメタ認知ができることなど、1つの要素が様々な要素を包含できないことからも問題である。

なお、学習者の姿を表す言葉として「学習」というものがある。しかしながらこの言葉で定義した場合、学習法というニュアンスでもとらえることができる。そのため混乱を避けるために定義としての使用はしなかった。

この2つの理由より、本規定ではアクティブ・ラーニングを主体的・対話的な深い学びの総称とし、学習過程における「学びの姿そのもの」とした。

（2）どこまで指導者が介入し、どこまで学習者に任せるのか

図2は、学校教育における指導者の介入と学習者主体の活動のバランスからみた授業の段階を示している。また、校種によって主にどのような授業の段階が多いのかについて整理したものである。指導の段階は、①指導者の話を一方的に聴く「講義段階」、②基本的な知識や技能を教師が伝達する、主に指導者

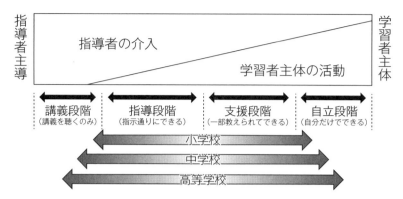

図2　指導者の介入と学習者主体の活動のバランスからみた授業の4段階

の指示が中心となる（学習者は指示によって動く）「指導段階」、③学習者主体を基本とするが身に付いていない一部の知識や考え方を教えたり、学習の方向性を制御したりする「支援段階」、④教師の介入は最小限で自立的に学習が進む「自立段階」の4つに分けることができる。

　小学校段階で例えると、「講義段階」は多くなく、逆に「自立段階」も多くない。そのため、授業の大部分が「指導段階」「支援段階」であることが想定できる。これは、小学校段階ではそもそも考えるための「知識」や「物事のとらえ方や考え方」「自らを振り返る（メタ認知）」などの各種能力が十分に身に付いていないため、「自立した活動」という意味でのアクティブ・ラーニングを考えることは難しいためである。したがって、小学校段階におけるアクティブ・ラーニングは「自立した活動」ができるために知識や各種能力を育成する過程の段階も含めて考える必要がある。また、各指導段階において、様々な主体的・対話的な深い学びがあると考えられるため、あらゆる場面においてどのようにすれば主体的・対話的な深い学びになるかを検討する必要がある。

5　アクティブ・ラーニングの視点に立った小学校授業の改善

　第4節では、アクティブ・ラーニングを構成する、主体的な深い学び、対話的な深い学びそれぞれにおける学習者の学びの姿を定義した。しかし、アクティブ・ラーニングを意識した授業実践を考える際に、主体的な深い学び、対話的な深い学びそれぞれの姿になるための具体的な条件について検討する必要があ

る。本節では、主体的な深い学び、対話的な深い学び、それぞれが成立する条件を6つの要素に分けて解説する。

なお、ここで解説する6つの要素全てが完璧に身に付いて初めてアクティブ・ラーニングが成立するという意味ではなく、小学校段階では主体的な深い学びや対話的な深い学びになるように、教師が授業づくりにおいて仕組んでいく要素であると考えてよい。

(1)「主体的な深い学び」が成立する条件とは

> **【主体的な深い学びの姿】** 個人の学びが深くなるという目的を達成するために、自分自身で判断し行動できる。

主体的な深い学びの姿にあるように、「自分自身で判断し行動できる」ことが重要である。自分自身で行動するためには、まずは自分自身の「**問題意識**」をもっていることが必要である。自分自身の問題意識をもってはじめて、追究する課題が明確（課題発見）になるといえ、全てのスタートとなるといえる。これが強い問題意識になればなるほど、粘り強く取り組む姿勢につながるといえる。しかし、問題意識をもっているだけではその先の解決にはつながらない。なぜならば、自分自身で判断し行動する際に必要な「**知識・技能**」や、自分自身で判断し行動する際に必要な、ものの解釈や認識の仕方である「**とらえ方**」や、考える方法や状況に対する反応の仕方である「**考え方**」も必要だからである。

このように、自分自身で判断し問題を解決するにあたって「問題意識」「知識・技能」「とらえ方・考え方」が必要であり、この3つの要素で解決に向けて行動することは可能となる。しかしながら、時には自分自身の考え方や行動が間違っている場合もある。その場合、自分自身で「自分の考え方や行動が間違っていないか」「間違っていた場合、どのように改善するか」という、自分の判断や行動が正しいかどうかを考えたり、方針転換をしたりする必要が出てくる。そのためこの3つの要素に加え、自分自身の考えや行動を見直したり、その後の計画を立てたりする「**メタ認知**」の要素が必要になる。したがって、「主体的な深い学び」が成立する条件として、「**問題意識**」「**知識・技能**」「**とらえ方・考え方**」「**メタ認知**」の4つの要素が一部に偏ることなくバランス良く必要であることが分かる。

(2)「対話的な深い学び」が成立する条件とは

> **【対話的な深い学びの姿】** 集団での対話を通して、異なる意見の共通点や差異点を整理し、目的を達成するための最適解を選択する判断をしたり、目的に合わせて情報を組み合わせたりすることで、新たな知識や考え方の共有や創造をするために行動できる。また、集団による新たな知識や考え方の共有や創造から、個人の学びがより深くなっていく。

対話的な深い学びの姿にあるように、「新たな知識や考え方の共有や創造をする」ことが重要である。対話を通して行動するためには、まずは集団としての「**問題意識**」を共有していることが必要である。これは主体的な深い学び同様、集団としての問題意識を共有してはじめて、集団で追究する方向性である課題が明確になるといえ、全てのスタートとなるといえる。また集団は、様々な意見をもつ個人の集まりである。集団の異なる意見から最適解を選択する判断をするためには、意見が出し合える人間関係づくりや、誰もが納得できる合意点や妥協点を見つけるために意見を整理・調整できる「**合意形成能力**」をもっていることが求められるといえる。さらに、集団の異なる意見から最適解を選択する判断をする際には、他者の意見の問題点を指摘したり改善点を提案したりする「**批判的思考**」ができることも重要である。したがって、「対話的な深い学び」が成立する条件として、「**問題意識**」「**合意形成能力**」「**批判的思考**」の3つの要素が一部に偏ることなくバランス良く必要であることが分かる。

(3) 資質・能力とアクティブ・ラーニング成立の6つの要素との関係

国立教育政策研究所の「資質・能力 理論編」(2016) によると、学びの過程で子供が身に付けるべき「資質・能力」とは、学びはじめの段階では「新しいことを学ぶ際に使える『潜在的な学ぶ力や考える力』」、学びが進んでいった段階では「教科等の質の高い知識やその学び方に関するメタ認知、ものの見方・考え方を含む総体」としている。6つの要素の中にも、「とらえ方・考え方」や「メタ認知」が含まれている。また、前述したように、資質・能力を育成するためには、学びの量とともに学びの質や深まりが必要になるため、「どのように学ぶのか」という、「課題の発見・解決に向けた主体的・対話的な深い学び(アクティブ・ラーニング)」が求められている。これらのことから、基本

的には、様々な資質・能力の育成のために、アクティブ・ラーニングがあるが、一部の要素においては、アクティブ・ラーニングに向けて構想し、実践し、検証すること自体が、資質・能力の育成につながっているとも考えられる。

(4) アクティブ・ラーニングモデル

前項では、主体的・対話的な深い学びが成立する6つの要素を示した。これらを踏まえ、筆者が考えるアクティブ・ラーニングモデルを図3に示す。ここでは以前の学習者の姿から、アクティブ・ラーニングを意識した授業によって、新しい学習者の姿になることととらえている。ここでの新しい学習者の姿とは、以前は知らなかった・できなかったことが、分かるよう

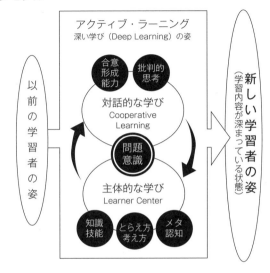

図3　アクティブ・ラーニングモデル

になった・できるようになったこと（例えば：狭い知識から広い知識、浅い知識から深い知識、グラフの見方が分からなかったのが分かるようになった、物事を見る視点が増えた、など）や、以前は曖昧だったことが明確になる（曖昧な知識から確かな知識など）、以前は自信が無かったものが自信をもつようになるなど、様々なものがあると考えられる。

主体的な学びと対話的な深い学びを行き来している矢印について説明すると、基本的には個人を基盤として主体的な深い学びが成立し、個々が成長し、集団を基盤とする対話的な深い学びに発展していくと考えられる。しかしこれは、主体的な深い学びから対話的な深い学びへの一方向の流れではなく、対話的な深い学びで学んだことが主体的な深い学びに作用する（例えば、はじめは曖昧だった自分の考えが友達の意見を聞いたことで、明確化した）ことも考えられる。したがって、主体的な深い学びで得た学びと、対話的な深い学びで得

た学びは相互作用的にはたらいていることを示している。

6　6つの要素を達成させるための授業改善の観点

　前節では、主体的・対話的な深い学びが成立する6つの要素を含めたモデルを示した。しかしながら、実際に授業で実践するにあたって各要素を育成する際に具体的にどのような指導をすればよいかについても明らかにしておく必要がある。そこで6つの要素のうち、ここでは「合意形成能力」の要素を例に、どのような点に留意して指導するか解説する。なお、「合意形成能力」以外にも、それぞれの「要素の定義」と「指導の観点と子供の姿」を最後に示しておく。

　「合意形成能力」は、対話的な深い学びにおいて必要な要素の1つといえよう。例えば集団で1つの答えを導く際に、一人一人異なる考えがあった場合は誰もが納得できる合意点や妥協点を見つける必要がある。この時、様々な意見が言い合える人間関係づくりや一人一人の意見を整理したり、調整したりすることが重要になってくる。その際、集団としての学習課題と照らし合わせ、どの意見が一番合理的なのかを考えることになる。

　したがって、「合意形成能力」の育成のための指導として、まず自分の意見を明確にする必要があるため、まずは、①「自分の意見を明確化させる」という観点が必要である（自分の考えがはっきりしないことや、誰かの意見に近いという程度も含まれる）。そして自分の意見と他者の意見との共通点や差異点を明確にしなければ合意できないため、②「自他の共通点や差異点を整理させる」という観点が必要である。その後、自分の意見に合理性があるのか、他者の意見が合理的で根拠があるのかを検討する必要があるため、③「自己の意見の合理性の吟味と主張をさせる」、④「他者の意見の合理性の吟味と評価をさせる」という観点が必要である。最後に、1つの結論を導くにあたり、各人の意見から最適解を選ぶ必要があるため、⑤「適切な意見を選択させる」という観点が必要である。

　このように、対話的な深い学びが成立するための要素の1つである「合意形成能力」ができるための指導には、以上のような「指導の観点」が必要であるといえる。

要素「問題意識」の定義と要素達成のための指導の観点と子供の姿

定義	興味・関心をもって問題に気付き、自己の問題として意識し、見通しをもって自分自身の目的（学習の目標）を設定することができること。 ＊対話的な深い学びを行う際は、集団としての目的を共通理解していること。
観点と姿	●**問題を発見させる** 　興味・関心をもって問題に気付くことができる。 　※必ずしも自己で問題を発見する必要はなく、問題の存在に気付けばよい。 ●**自身の問題として意識化させる** 　発見した問題を自己の問題として意識することができる。 　※問題意識が強くなるほど、意欲や問題に対してあきらめず継続する力は強くなる。 ●**解決の見通しをもたせる** 　問題を解決するために、見通しをもつことができる。 ●**学習の目標の設定** 　意識した問題を学習目標として設定することができる。

要素「知識・技能」の定義と要素達成のための指導の観点と子供の姿

定義	目的を達成するために、自分自身で判断し行動する際に必要な知識や技能を習得できること。
観点と姿	●**用語や技能を定着させる** 　用語を覚えることができる。技能を習得することができる。 ●**用語の意味を定着させる** 　用語の意味が説明できる。 ●**知識どうしの関係付けや意味付けをさせる** 　複数の知識の関係付けや意味付けができる。

要素「とらえ方・考え方」の定義と要素達成のための指導の観点と子供の姿

定義	目的を達成するために、自分自身で判断し行動する際に必要な、ものの解釈や認識の仕方である「とらえ方」や、考える方法や状況に対する反応の仕方である「考え方」を身に付け適用できること。
観点と姿	●**とらえ方や考え方を理解させる** 　自己のとらえ方や考え方を明確にし、適用の仕方を理解できる。 ●**理解したとらえ方や考え方を適用させる** 　理解した自己のとらえ方や考え方を様々な文脈で適用できる。

要素「メタ認知」の定義と要素達成のための指導の観点と子供の姿

定義	自分自身で判断し行動する際に、目的に対する合理性を根拠として、その判断や行動が正しいか考えたり、方針転換をしたりできること。
観点と姿	●自分自身の状況を確認させる 　自己の理解状況や進度、方向性を確認できる。 ●自分自身の状況の問題点を確認させる 　目的に照らし合わせて、自分自身の理解状況や進度、方向性を解決に向けて不十分かどうか確認できる。 ●自分自身の状況の問題点を改善させる 　解決のための理解が不十分であったり、方向性が間違っていたりした場合は、解決に向け改善できる。

要素「合意形成能力」の定義と要素達成のための指導の観点と子供の姿

定義	個々の異なる意見から意見の一致を図るにあたり、集団の目的に対する合理性を根拠として意見が出し合える人間関係づくりや、誰もが納得できる合意点や妥協点を見つけるために意見を整理・調整できること。
観点と姿	●自分の意見を明確化させる 　自分の意見（立場・意図）をはっきりさせることができる。 ●自他の共通点や差異点を整理させる 　他者と自分の意見の共通点や差異点を整理することができる。 ●自己の意見の合理性の吟味と主張をさせる 　自己の意見の合理性を吟味し、修正したり根拠に基づいて正当性を主張したりすることができる。 ●他者の意見の合理性の吟味と評価をさせる 　他者の意見の合理性を吟味し、根拠に基づいて正当性が主張されているかを評価することができる。 ●適切な意見を選択させる 　1つの結論を導くにあたり、目的を達成するために合理的であるということを根拠として、各人の意見の中からより適切なものを選ぶことができる。

※小学校の場合は、「自己の意見の合理性の吟味と主張」「他者の意見の合理性の吟味と評価」は省略されるような吟味が不要な内容の場合も多い。
※学習集団内のメンバー間の力関係に影響を受ける場合があるため、集団構成には配慮が必要である（発言力のある者に影響を受けるなど）。

要素「批判的思考」の定義と要素達成のための指導の観点と子供の姿

定義	目的を達成するために他者の意見を理解、整理し、目的に対する合理性を根拠として他者の意見の問題点を指摘したり改善点を提案したりできること。
観点と姿	●他者の意見を確認させる 　他者の意見（立場・意図）を理解、整理することができる。 ●他者の意見の問題点を確認させる 　目的に対する合理性を根拠として他者の意見の問題点を確認することができる。 ●他者の意見の問題点を指摘させる 　目的に対する合理性を根拠として他者の意見の問題点があった場合にその問題点を指摘したり、改善方法を提案したりできる。

<参考文献>

文部科学省（2014）『育成すべき資質・能力を踏まえた教育目標・内容と評価の在り方に関する検討会─論点整理─』文部科学省初等中等教育局教育課程課（2016年3月28日）

国立教育政策研究所（2016）『資質・能力［理論編］』、東洋館出版社

中央教育審議会（2012）『新たな未来を築くための大学教育の質的転換に向けて～生涯学び続け、主体的に考える力を育成する大学へ～（答申）』（2016年3月28日）

下村博文（2014）『初等中等教育における教育課程の基準等の在り方について（諮問）』（2016年3月28日）

溝上慎一（2014）『アクティブラーニングと教授学習パラダイムの転換』、東信堂

文部科学省（2016）『資料2-2アクティブ・ラーニングの視点と資質・能力に関する参考資料』中央教育審議会教育課程部会 総則・教科特別部会（第5回）

アクティブ・ラーニングの視点で小学校の授業を行うにあたって心がけること

1　子供が主体的・対話的な深い学びに向かう授業への視点

　アクティブ・ラーニングに向けて授業で心がけるべき視点は何か。資質・能力の育成を目指した教育課程編成の議論（文部科学省、2016）では、アクティブ・ラーニングで重視すべき点として、①習得・活用・探究という学習のプロセスの中で、問題発見・解決を念頭に置いた、深い学びの過程が実現できているかどうか。②他者との協働や外界との相互作用を通じて、自らの考えを広げ深める対話的な学びの過程が実現できているかどうか。③子供たちが見通しを持って粘り強く取り組み、自らの学習活動を振り返って次につなげる、主体的な深い学びの過程が実現できているかどうか。という３つの視点に立った学びの全体の改善を求めている。換言すれば、学習者が資質・能力の獲得に向けて主体的・対話的な学習者（アクティブ・ラーナー）になることが求められ、その育成を求められていることに他ならない。まずは、教員がアクティブ・ラーナーを育てられている授業になり得ているか、常に検証することが必要になる。

　一方、国立教育政策研究所（2013）では、実践事例を集積し、国内外での学習科学などの学術的な知見をまとめて、資質・能力（つけたい力）育成に向けた授業づくりの視点として、次のように整理している。これらは、文科省が示

資質・能力の育成に向けた授業づくりの視点

> ① 意味のある問いや課題で学びの文脈を創る
> ② 子供の多様な考えを引き出す
> ③ 考えを深めるために対話のある活動を導入する
> ④ 考えるための材料を見極めて提供する
> ⑤ 「すべ・手立て」は活動に埋め込むなど工夫する
> ⑥ 子供が学び方を振り返り自覚する機会を提供する
> ⑦ 互いの考えを認め合い学び合う文化を創る

したアクティブ・ラーニングの重視すべき視点の実現に向けた具体的なヒントとなり得ると考えられる。

　これらは、同時にアクティブ・ラーニングに向けた授業の視点といえよう。また、これらの多くは、すでに先生方は普段から心がけている要素だと感じられるかもしれない。すなわち、アクティブ・ラーニングに向けた授業への準備は、多くの小学校ですでに整っているともいえる。教師は、この7項目をチェックリストとしてもう一度、さらに質の高い授業を目指し、子供の学びの視点、特に資質・能力を育む指導のあり方として見つめ直すために使うのも一つであろう。

　小学校で、これから求められる資質・能力を育成する学びを進めていくためには、これまで通り、子供一人一人の学びを大切にすること、加えて、学習内容をしっかり押さえた授業を構想し、時として答えのないような問いに子供を誘い、最適解、最善解を求め続けるような経験を踏まえた実践が求められよう。

　資質・能力の育成を目指した学びの質の向上に向けて、目的を明確にして、「④ 考えるための材料を見極めて提供し」ながら、学習者が答えのないような問いに向かい合っていくためには、学習者自身が当事者意識をもち、主体的・対話的に問題解決を進めていくこと（アクティブ・ラーニング）を余儀なくされるような「① 意味のある問いや課題」の設定、「③ 考えを深めるために対話のある活動を導入する」場面の設定が必然であろう。それは、プログラム型の学び（時間とともに終了が来るような学び）から、プロジェクト型の学び（時間がかかってもプロジェクトの成功のため最善を尽くすような対話的に取り組む過程が含まれる学び）への転換が求められているということに他ならない。また、学習者同士が対話しながら考えを深めるとともに、教師は、内容を羅列的に教え込むのではなく、「② 子供の多様な考えを引き出し」ながら内容理解を深めていく工夫が必要となる。単に「考えなさい」「話し合いなさい」といっても、子供には目的や視点がすぐに共有できるとは言い切れない。そこで、子供たちに目的や視点を意識化させるような思考を促すような動詞、「⑤ 子供が使う時には『すべ』、教師が指導に用いる時には『手立て』を活動に埋め込む工夫をしながら用いる」ことで、力をさらに伸ばすことが可能になるのではないだろうか。また、評価本来の意味をもう一度考え直し、「⑥ 子供が学び方を振り返り自覚する機会を提供する」とともに、その時間を保障することがさらなる学

びにつながると考えられる。また、その根底・基盤となるのは、一人一人の多様性と価値、学びに向かっていく学級の雰囲気づくり、人間関係づくり、すなわち「⑦ 互いの考えを認め合い学び合う文化を創る」ことといえよう。

2 資質・能力の育成に向けた内容と学習活動との関係とは

　資質・能力の育成に向けた授業づくりの視点として、内容と資質・能力を学習活動でつないでいくことが、学びの質を高め、生きる力を育むことにつながるものと考えられる。内容と資質・能力を一体で育てる授業とはどんなことだろうか。やさしい言葉で言い表すならば、「知って、考えて、行動する」ような授業であるといえよう。

　資質・能力の育成に向けて、内容と学習活動とがうまく結び付いた授業では、（1）内容理解に向けた学習活動が子供のもつ資質・能力（例えば、自分の考えを1つ出して仲間と共有するような力）を自然に引き出し、（2）学習活動が内容の理解や学習を深めることを通して、子供が自覚しながら資質・能力（例えば、考えの違いを大切にして新しい考えを出す力）を育てていくという特徴がよく見られる。

　一方で、内容、学習活動、資質・能力がうまく結び付かない授業には、（1）学習活動が目的化する例（例えば、ディベートを行うことが目的化されてしまう）や、（2）学習活動と内容とが切り離される例（例えば、子供に「考えなさい」「話し合いなさい」と投げかけるのみで、何を考えるのか、何を話し合うのか、いかなる答えや進歩が得られるのかが分からないなど）、（3）学習過程が形式化する例（例えば、「めあて」が教師に提示されるものの、子供と共

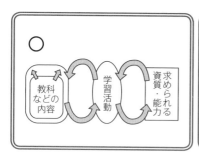

図1　内容と資質・能力を
　　　学習活動でつなぐ

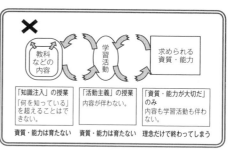

図2　内容と資質・能力と学習活動が
　　　乖離したモデル図

有できていない例、「振り返り」が教師による「まとめ」になってしまっている例、子供一人一人が学んだことを自覚できていない例など)が挙げられる。

　以上の対比から、子供が一人一人自らの考えを進めるなど内容の学習のために、学習活動が生かされた時に、その活動のよさを自覚することができ、そこから自らの資質・能力を育てていくことができる可能性が示唆されている。

　また、どれか１つが欠けてもうまくいかないことも明らかである。例えば、資質・能力と内容だけが結び付いても、それに見合った学習活動が伴わなければ、学校の中で学ぶ必然性を見いだしづらくなってしまう。また、資質・能力を育成する意識が欠落してしまっては、いくら内容と学習活動が結び付いても、何のために行っているのか分からなくなり、作業に過ぎなくなる可能性が生じる。内容が欠落しては、薄っぺらな取り組みとなり、学びが深まることはなくなってしまうこととなりかねない。

　このように、求められる資質・能力と、内容、学習活動がつながってこそ、それぞれの効果を発揮するとともに、学びは深まるものであるといえる。

3　意味のある問いや課題で学びの文脈を創る大切さ

　資質・能力の育成を可能にし、効果のある授業改善に向かっていくためには、具体的にどのような学習活動が生み出されるのがよいのかについて考えてみたい。意味のある問いや課題で学びの文脈を創ることは、深い学びに向かう上でとりわけ重要である。内容と資質・能力をつなぎ主体的な深い学びを引き起こすことを目指した、問いや課題で学びの文脈を創ることについて、具体例とともに示す。子供の未来につながる主体的かつ対話的な深い学びのために、意味のある問いや課題とは何なのか。後藤（2014）は、問いの重要性について、先行研究を踏まえ、表１のような整理をしている。

　Aのような問いは、主体的な深い学びの育成に結び付かない問いと考えられ、引き起こされる学習活動も単なる知識の再生、記憶の再生にとどまる。Bのような問いは、「深く考える」（思考力）と結び付くが、「多様な考えがあらわれる」「考えを深めるために対話のある活動が展開する」といった、学習活動を引き起こすイメージには至らない。Cのような問いは、「深く考える」（思考力）と結び付き、「多様な考えがあらわれる」「考えを深めるために対話のある活動が展開する」といった学習活動、問題を解くために情報を知識などと関係付けて

表1 「問い」の種類と具体例(第4学年理科「水の温まり方」)

	「問い」の種類	問いのパターン	水の温まり方での具体的な例
A	内容のみ(知識の有無)に関する問い	・どちらですか。答えましょう。	水の温まる順番を上、下で答えましょう。
B	内容について理由や根拠を考える問い	・結論付けましょう。 ・結論に至った理由について根拠を示して主張してください。	水は下の方を熱しているのに、上の方から温まるのはなぜだろうか。
C	内容についての学びの過程(プロセス)を考える問い	・どうなると予想しますか。 ・予想は、何を根拠に考えましたか。 ・それを検証するための実験を計画して、実際にやって、予想と比較して、結論付けましょう。	熱した時の水の動きを調べるには、どうしたらよいだろうか。
D	内容について理由や根拠、学びの過程をもとにして、他者とのかかわり、世界とのつながり考えるような問い	・地域の環境を保全するために最優先することは、どれですか。友達と考えてあなたのグループで判断し、根拠を説明しましょう。 ・Aさんは次のように主張しています。あなたは、これに対してどう考えますか。賛成、あるいは反対の立場を明確にしてその理由・根拠を説明しましょう。	日常生活で、ものの温まり方がどのように活用されているか、例を挙げて説明してみよう。

　自分の考えをつくり、他者の考えとも比較吟味して統合しながら、予想したり実際に実験して検証したりするような学習活動をイメージできる問いといえる。Dのような問いは、子供たちに意味のある問いであり、他者とのかかわりを意識させ、世界とのつながりを考えるような問いであると考えられる。

　もちろん、授業の問いがCやDばかりでは、授業時間がいくらあっても足りない。どのような場面で、どのような問いを投げかけるのか。または、子供たちが授業中に投げかけてくる問いは一体どのような種類の問いなのか。これらを把握しながら、授業を構成し、展開していくと深い学びにつながっていくことが可能になるのではないか。何より、まずは問いのそれぞれの機能を十分理解することこそが大切である。

4 深い学びに向けて学習活動を創出する「問い」に対しての問題解決における具体的な思考操作

　活動を創出する「問い」に対しての問題解決が図られる際、子供たちの思考がうまくはたらくための具体的な思考操作について追究し続ける必要があろう。アクティブ・ラーニングの視点からの授業改善を進める上での具体的な「すべ・手立て」を機能的に用いることが有効であると考えられる。子供が自由に用いて思考を促進させるような動詞「すべ」(比較する、分類する、関係付ける、多面的に見る、条件を制御する、規則性を見いだすなど)を問題解決である学

びの文脈の中で工夫しながら用いることで学習効果が上がると思われる。そして、子供と教師が、「すべ・手立て」を用いることに価値を感じるようになることが大切である。学習場面で自然な形で「すべ」を自由に使いこなせることができるようになれば、日常場面でも汎用的に用いることができ、さらに価値が高まると思われる（国立教育政策研究所、2014）。

5　アクティブ・ラーニングを支える「評価」と「カリキュラム・マネジメント」

「社会に開かれた教育課程」を目指し、次代を担う子供が、これから必要とされる資質・能力を獲得していくことを求められている。アクティブ・ラーニングの視点に立った授業改善を進めていくにあたって、学習評価は何のためにあるのかを問い直す必要があろう。アクティブ・ラーニングを支える学習評価として、資質・能力を育成することに生かせる評価観が鍵となる。学習評価においては、学びによる自己変容を自覚できることが重要であり、それが、具体的に見える形の評価方法が必要である。

「学習評価の充実」として、指導と評価の一体化に資する評価が求められている。アチーブメントテスト（学習達成度を測定する学力テスト）型の評価は、子供の順位付けや、選抜試験などでは効果を発揮するかもしれない。一方、改善に資する評価は、状況改善を求め、進捗状況を見据えながら、教師だけでなく、学習者も参加する評価活動といえる。

米原（2015）は、評価について図3のような整理をしているが、これからの評価観として状況改善型である参加型評価の重要性を説いている。参加型評価、状況改善型評価の1つとして、相互評価が考えられる。これは、評価規準を決めて自己や他者の学びの伸びや改善を求め合う、相互評価を行うことが望まれる（例えば、後藤、2013）。文部科学省（2010）では、「児童生徒が行う自己評価や相互評価は、児童生徒の学習活動であり、教師が行う評価活動ではないが、児童生徒が自身のよい点や可能性について気付くことを通じ、主体的に学ぶ意欲を高めること等学習の在り方を改善していくことに役立つことから、積極的に取り組んでいくことも重要である。」としている。

また、主体的・対話的な深い学びを育成するためには、カリキュラム・マネジメントの発想を取り入れて、不断の授業改善に資する反省・検証が必要であ

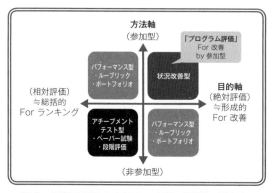

図3　評価の目的と方法の一考察（米原、2015）

る。後藤・松原（2015）のカリキュラムマネジメント・モデルでは、子供の資質・能力の育成に向けては、カリキュラム・マネジメントの発想に基づき、検証を繰り返すことが重要であるとしている。検証の視点として、資質・能力と内容とのつながりは良かったか、そのための学習活動は適切だったのか、問題解決の過程と学習活動のつながりはどうだったのかなどが挙げられよう。また、成果や課題をとらえる際には、1時間の授業（短期）から見いだされる変化もあり得るが、単元全体、1学期間、1年間といった期間（長期）の変容をとらえる視点も必要となるだろう。

いずれにしても、カリキュラム・マネジメントを基盤にし、目的に応じた評価を考えて、いかなる変容がどの程度あったのかについて、規準をもちながら、子供の変容や指導の授業計画と授業実践の前後の変容の「差分」を見取り、成果と課題を明確にして授業改善につなげていくことが求められる。それは、決して、やれば終わりといった一方向な（単線的な）取り組みではなく、常に検証・修正を重ねていく循環的でかつ、複線的なものに意識を向けた取り組みになるだろう。

子供の学びにおいては、まず、学ぶ意義を自覚するとともに、学びたくなる、学ぶ必然が生じるような、主体的・対話的な学習活動、さらにそれを超えて、学んだことを深く理解し、使えるようになるような学びを目指すべきだと考える。また、教師の指導においては、内容、学習活動、資質・能力の育成を一体ととらえていくことが求められる。そのためには、「問い」の工夫、学習評価の工夫を行い、指導の改善に努めることが必要である。循環的、複線的な主体的・対話的な深い学びを促進し、それらを含め学習評価に結び付けていくためには、松尾（2014）が示した従来型の評価観に代わり、「問題解決評価観」をもとにしたカリキュラム・マネジメントに基づいた学習評価による検証・再構成が求められよう。

<参考文献>

国立教育政策研究所（2013）『社会の変化に対応する資質や能力を育成する教育課程編成の基本原理』（教育課程の編成に関する基礎的研究 報告書5）．国立教育政策研究所

国立教育政策研究所（2014）『資質や能力の包括的育成に向けた教育課程の基準の原理』（教育課程の編成に関する基礎的研究 報告書7）．国立教育政策研究所

文部科学省（2014）『育成すべき資質・能力を踏まえた教育目標・内容と評価の在り方に関する検討会—論点整理—』文部科学省初等中等教育局教育課程課

石井英真（2014）「ポスト近代社会が求める人間像と学力像 背景と論点」、『指導と評価』2014年4月、p29-31.

後藤顕一（2013）「高等学校化学実験における自己評価の効果に関する研究—相互評価表を活用して—」、『理科教育学研究』Vol. 54、No. 1、p13-26.

後藤顕一（2014）「理科における問題解決の資質・能力、科学的な探究の能力とは何か」、『理科の教育』Vol.63、No.748、No.11、p 5 - 8．

後藤顕一・松原憲治（2015）「主体的・協働的な学びを育成する理科授業研究の在り方に関する一考察〜カリキュラムマネジメントに基づく理科授業研究モデルの構想〜」、『理科教育学研究』Vol.56、No. 1、p17-32.

飯田寛志・後藤顕一（2015）「高等学校における相互評価表を用いた理科授業の実践とその検討－学習への取組意欲の高まりに着目して－」、『理科教育学研究』Vol. 56、No. 3、p 2 -14．

松尾知明（2014）「教育課程・方法論 コンピテンシーを育てる授業デザイン」、学文社、p171.

源由理子（2007）「参加型評価の理論と実践」、三好皓一『評価論を学ぶ人のために』、世界文化社、p95-112.

三好皓一・田中弥生（2001）「参加型評価の将来性—参加型評価の概念と実践についての一考察」、『日本評価研究』Vol. 1、No. 1

文部科学省（2010）『児童生徒の学習評価の在り方について（報告）』中央教育審議会初等中等教育分科会教育課程部会

文部科学省（2016）『資料2-2 アクティブ・ラーニングの視点と資質・能力に関する参考資料』中央教育審議会教育課程部会 総則・教科特別部会（第5回）

米原あき（2015）『ESDへのプログラム評価の導入』「日本/ユネスコパートナーシップ事業」ESDの教育効果（評価）に関する調査研究 公開シンポジウム「学校を中心としたESDの教育評価のありかた」資料

第1部「理論編」

第3章 アクティブ・ラーニングの視点に立った深い学びの評価と授業改善

アクティブ・ラーニングの視点に立った深い学びを評価する時の留意点

①グループ活動やディベートのような「動的」な活動がアクティブ・ラーニングではない。
②席について学ぶ「静的」な活動であっても、子供が知的な意味で主体的・対話的であるかどうかが重要である。

アクティブ・ラーニングの評価の視点（6つの要素）

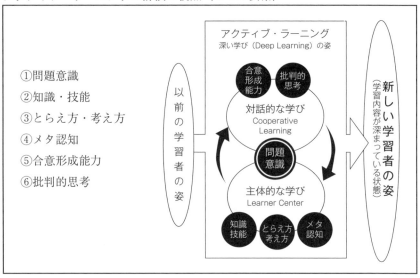

①問題意識
②知識・技能
③とらえ方・考え方
④メタ認知
⑤合意形成能力
⑥批判的思考

　アクティブ・ラーニングの視点に立った授業について考える時、「今までの授業とどう違うのか」「どのような授業であれば、アクティブ・ラーニングといえるのか」という疑問が湧いてくる。これは、評価方法が分からないために生じる疑問である。

そこで本章では、深い学びに資する授業改善のためにアクティブ・ラーニングの視点に立った深い学びを評価する際のポイントと、その具体例を示すことにする。

1 評価するポイントは何か

　アクティブ・ラーニングというと、グループ活動やディベートといった学習形態に目が向きがちである。ややもすれば、「子供が楽しそうに学習ゲームをしたり、活発に話し合いをしたりしていれば、アクティブ・ラーニングをしている」と、誤ったとらえ方をしてしまう可能性がある。しかし、アクティブ・ラーニングには、身体的な活動をしているかどうかではなく、子供が知的な意味で主体的・対話的に活動することが重要である。

✕ 動的な学習活動がアクティブ・ラーニング？

〇 知的な意味での主体的・対話的な活動が、アクティブ・ラーニングには重要

　上述したように、単なる活動主義に陥らないためには、子供の学習を適切に評価しなければならない。実際の評価においては、まずアクティブ・ラーニングの要素を明確にする必要がある。本書では、「深い学び」につながるアクティブ・ラーニングの6つの要素が必要であると考えている。次に、それらの要素をもとに評価規準を設定し、評価を行い、授業改善につなげていくことになる。
　ここからは、先に示した6つの要素それぞれについて、評価の際の具体的なポイントを示す。

①問題意識

　授業が始まるやいなや、すぐに教師が授業のめあてや課題を告げたり、板書したりすることがよくある。しかしこれでは、子供にとって学ぶ必然性はなく、興味や関心、主体性が喚起されることは難しく、深い学びにはつながらない。学びを深めるためには、子供自身が学びの必然性を感じ、問題を解決しようとする強い意識が必要である。以下に「問題意識」をもっているか否かを評価するための規準と観点を示す。

「問題意識」を見取る評価規準	具体的な観点
興味・関心をもって問題に気付き、自己の問題として意識し、見通しをもって学習の目標を立てることができる。	(1)問題の発見 (2)自身の問題としての意識 (3)学習目標の設定 (4)問題解決の見通し　など

②知識・技能

　子供がいくら学ぼうとしても、考えるもとになるもの、つまり学びに必要な最低限の知識・技能がなければ学習は進まない。なぜならば、学習においては既有の知識や経験をもとにし、それらを比較や関係付けることよって、学びを広げたり深めたりするからである。子供の深い学びを支えるためには、基礎的・基本的な知識・技能とともに、その知識や言語などを用いる力が必要である。以下に「知識・技能」をもっているか否かを評価するための規準と観点を示す。

「知識・技能」を見取る評価規準	具体的な観点
目的を達成するために必要な知識や技能を習得できる。	(1)用語や技能の定着 (2)用語の意味の定着 (3)知識同士の関係付け・意味付け　など

③とらえ方・考え方

　子供が基礎的・基本的な知識・技能をもっていることを前提にすると、より深い学びにするためには、それらの知識・技能を活用する力が必要である。この力は、目的を達成するために必要な物事のとらえ方・考え方であり、知識と知識を比較したり、知識と知識を関係付けたりするための「思考のすべ」と換言できる。教師は子供に対し、「比べましょう」「つ

ながりを考えましょう」といった言葉がけをするが、教師が思う以上に比較や関係付けの思考は難しく、子供にとっては簡単ではない。この時、「どのような視点で何と何を比較するのか」「どういう関係で何と何をつなぐのか」という「思考のすべ（物事のとらえ方・考え方）」が必要である。思考のすべを用いることによって、比較や関係付けの思考が活性化され、子供の深い学びになる。以下に「とらえ方・考え方」をもっているか否かを評価するための規準と観点を示す。

「とらえ方・考え方」を見取る評価規準	具体的な観点
目的を達成するために必要なとらえ方や考え方を修得し適用できる。	(1)とらえ方や考え方の理解と適用 (2)異なった文脈におけるとらえ方や考え方の適用　など

④メタ認知

　授業の導入場面においては、子供はめあてや目標を明確にもっているが、学習が進むにつれ、それを見失ってしまうことがある。子供が学びの目標を見失ってしまうと、計算であれ実験であれ、一見活発に活動しているように見えても、単に目の前の作業を実行しているだけになってしまう。これでは、子供にとって深い学びとはいえない。見た目の姿ではなく、子供が内面から能動的に学ぶという本質的なアクティブ・ラーニングの姿にするためには、子供が絶えず自身の学習状況を把握し、めあてや目標の達成に向け見通しをもって学びを進め

るとともに、必要に応じてそれを修正していく必要がある。つまり、メタ認知をはたらかせる必要があるといえる。実際の授業では、授業の最後に「振り返り」という時間が設けられており、子供がメタ認知をはたらかせて学習全体を振り返ることがよくあるが、1時間を通して深い学びにするには、授業の終わりのみならず、その途中でメタ認知をはたらかせることが重要である。以下に「メタ認知」をもっているか否かを評価するための規準と観点を示す。

「メタ認知」を見取る評価規準	具体的な観点
自分自身で判断し行動する際に、目的に対する合理性を根拠としてその判断や行動が正しいか考えたり、方針転換をしたりできる。	(1)自己の状況確認 (2)自己の状況の問題点の確認 (3)自己の状況の問題点の改善 　　　　　　　　　　　など

⑤合意形成能力

　授業は1人で受けるものではなく、そこには自分以外の他者の存在があり、両者が互いに考えを述べ、対話を通して深い学びになっていく。対話においては、相手意識をもって自分の考えを述べたり、相手の考えに傾聴したりすること、互いを認め合う関係が成り立っている必要がある。このような人間関係が子供に備わっていることを前提として、学習を一層深めるためには、互いの考えを認めた先に合意形成まで至ることが重要である。具体的には、自分や他者の考えを出し合い、照らし合わせる過程においてそれらを精査し、誰もが納得できる合意を形成することは、子供自身が学びを創造することにつながり、より深い学びに進展する。ここでいう「誰もが納得できる合意」とは、目的に対する合理性を根拠とし、吟味された上での合意を意味する。以下に「合意形成能力」をもっているか否かを評価するための規準と観点を示す。

「合意形成能力」を見取る評価規準	具体的な観点
意見の一致を図るにあたり、意見が出し合える人間関係づくりや合意点や妥協点を見つけるために意見を整理・調整できる。	(1)自己の意見の明確化 (2)自他の共通点や差異点の整理 (3)他者の意見の理解 (4)適切な意見の選択　など

⑥批判的思考

　授業中に子供が自分の考えを発表したり、ノートに記述したりする時、そう考えた理由や根拠が不十分なことがよくある。あるいは、他者の発表を聞いて意見を求められた時、その考えの理由や根拠が不明確であるにもかかわらず、気付かないまま同意してしまうこともある。このような時、一度自分

が出した結論に不足していることはないか吟味したり、他者の考えに抜けている条件や別の考えはないか検討したりする必要がある。なぜならば、安易に結論を出したり、得た情報を鵜呑みにしたりするのではなく、批判的な思考をはたらかせることにより、学びが深まるからである。以下に「批判的思考」をもっているか否かを評価するための規準と観点を示す。

「批判的思考」を見取る評価規準	具体的な観点
目的を達成するために他者の意見を理解、整理し、目的に対する合理性を根拠として他者の意見の問題点を指摘したり、改善点を提案したりできる。	(1)他者の意見の確認 (2)他者の意見の問題点の確認 (3)他者の意見の問題点の指摘 　　　　　　　　　　　　　　など

2　実際に評価してみよう

　前節では、アクティブ・ラーニングを評価する際の規準を示したが、ここからは授業における具体的な評価方法や評価例について、6つの要素のうちいく

（1）「メタ認知」の評価

　子供のメタ認知を測定・評価する時、単元の最初と最後にアンケートを行い、その変化を分析する方法がよく用いられる。例えば、表1に示す14項目は、理科授業におけるメタ認知を評価するために作成されたものである。①～⑦は自分自身によるメタ認知を、⑧～⑭は他者とのかかわりによるメタ認知を測定する項目であり、1：当てはまらない～5：当てはまる、までの5つから選択し回答する形式となっている。比較的簡易に用いることができ、単元の最初と最後だけでなく、途中においても適宜用いることにより、その時点でのメタ認知の実態やメタ認知の変容を評価することができる。しかし、子供へのアンケートのみで評価を行うのは難しく、授業中の発話や行動の分析なども行い、相互補完することが望ましい。

（2）「批判的思考」の評価

　前項で述べたメタ認知と同様に、子供の批判的思考を測定・評価する時、ア

表1　メタ認知を測定する質問項目（木下他、2005）

質問項目
①これから何を調べるのか、考えるようにしている。
②今までに習ったことを思い出しながら、予想を立てるようにしている。
③計画通りに進んでいるかどうか、確認するようにしている。
④次に何をするのか考えながら、観察や実験をするようにしている。
⑤大事なところはどこか、考えるようにしている。
⑥計画通りにできたかどうか、振り返るようにしている。
⑦自分は何を調べたのか、振り返るようにしている。
⑧グループの話し合いで友達の意見を聞いて、自分の意見を考え直すことがある。
⑨グループの話し合いで、友達の意見と自分の意見を比べながら聞くようにしている。
⑩グループで話し合いをしていると、自分の考えがまとまることがある。
⑪先生のアドバイスを聞いて、自分の意見を考え直すことがある。
⑫先生と話をしているうちに、自分の考えがはっきりしてくることがある。
⑬先生の説明と自分の意見を比べながら聞くようにしている。
⑭先生の説明を聞いていると、自分の考えがまとまることがある。

ンケート調査を行うことがよくある。それに加えて、図1に示すようなワークシートも授業・分析に用いられている。

このワークシートは、理科授業用に開発されており、自己・他者の考えを批判的に吟味させるツールである。図1では、「明日の朝、広島県はどのような天気だろうか」という課題に対し、子供Aが仮説（主張）として「雨になるだろう」、その根拠として「今、九州は雨だから」と記している。一見的確な記述のようであるが、一般に「天気は、西から東へ移る」という決ま

課題
明日の朝、広島県はどのような天気だろうか？

「仮説」
雨になるだろう。

「仮説」と「根拠」をつなぐ理由
天気は、西から東へ移るから。

・台風のように、必ずしも天気は西から東へ移るとはいえないのではないか？
・雲の動く速度によっては、雨ではなく曇りも考えられるのではないか？

「根拠」
今、九州は雨だから。

★「反対」の意見がある時は、赤ペンで書き入れましょう。

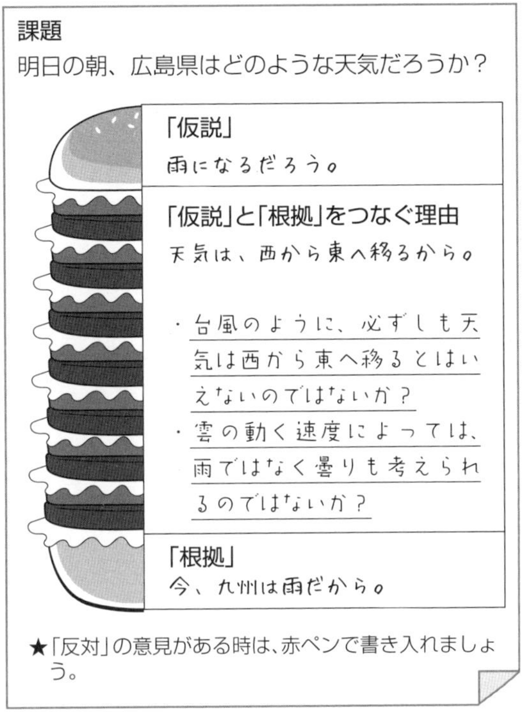

図1 批判的思考のワークシート（評価シート）

りが暗黙の前提になっている。これをハンバーガーの具材の部分に記述させることで、「見落としている条件があるのではないか」という批判的思考を促すことになる。さらに、子供Aの考えにおかしいところはないか吟味させるため、子供Bに色ペンで指摘（図中の下線部分）をさせている。

以上のように、図1のワークシートは、もともと授業に用いるために開発されたものであるが、同時に子供の批判的思考の「足あと」をとらえ分析できるものでもある。また、このようなワークシートを参考にし、目的に合わせてアレンジすることによって、他教科での授業・評価に用いることも可能である。

<参考文献>
木下博義・松浦拓也・角屋重樹（2005）「観察・実験活動における生徒のメタ認知の実態に関する研究―質問紙による調査を通して―」、『理科教育学研究』Vol. 46、No. 1、p25-33.

第1部「理論編」

アクティブ・ラーニングの視点に立った授業研究のあり方

1 アクティブ・ラーニングを支える教育の基本的考え方

（1）教師のもつ「子供観」を変えよう

　アクティブ・ラーニングの視点に立った授業改善に取り組もうとして理念を学び、課題を考え、学習環境も整えた。しかし、いざやってみるとどうしてもうまくいかない。そのような時、子供がどのような学習観をもっているのか確認してもらいたい。子供が「本当に自分たちが課題を設定してよいのかな？」「結局、答えは先生が教えてくれるのだろう。」と考えてしまっている限り、アクティブ・ラーニングもうまくはいかない。

　しかし、このような学習観を子供たちに植え付けているのは、誰であろう教師なのである。「子供に考えさせない」「子供に選ばせない」、そのような授業をしてきてはいないだろうか。その根底には、「子供は指示を出して、教えられなければ学べない」、という教師の子供観がある。この子供観を変えていくことが、アクティブ・ラーニング成功への第一歩である。
　アクティブ・ラーニングの視点に基づく授業改善がうまくいくためには、教

師が「アクティブ・ラーナー」としての子供観をもつことが必要である。アクティブ・ラーニングの二本柱である「主体的な深い学び」と「対話的な深い学び」は、子供が能動的に学んでいなければ実現不可能である。

(2) 教師がもつべき「アクティブ・ラーナー」としての子供観

アクティブ・ラーナーとしての子供観は、次のように定義できる。

> 子供は、本来、学習への意欲をもち、決定や探究の機会が与えられれば、自ら進んでそれを行い、学習を続けていくことができる。

教師がこのような子供観をもたなければ、子供自身の学習行為も受動的なままであるし、アクティブ・ラーニングにはほど遠いのである。授業研究においても、子供観の転換ということを意識的に課題としなければ、結局は子供の学習が主体的、対話的であるように教師が「管理」するような学習環境をつくり出すことにとどまるであろう。

(3) アクティブ・ラーニングを支える「はじめに子どもありき」

「アクティブ・ラーナー」としての子供観は、子供を能動的学習者としてとらえることである。能動的学習者としての子供観を教師がもつことの重要性を主張する教育学者の平野朝久は、「はじめに子どもありき」という教育の基本的な考え方を提唱している。この考え方は常に、「子どもの事実」に立ち返ることを基本としている。「子どもの事実」とは、子供の言葉や行動を通して見る子供の内面である。

平野(1994)に基づき、能動的学習者としての子供観に基づく授業改善の上で重要な点を取り出して検討してみよう。

表1　能動的学習者としての子供観に基づく授業改善のためのポイント

> ①子供が本当の自分として学習に向かうことを保障する
> ②子供が自分で選び、決める機会を保障する
> ③子供が何を学ぼうとしているのかをとらえる
> ④子供が何ができているのかをとらえる
> ⑤子供が学ぶ道筋を理解する

①子供が本当の自分として学習に向かうことを保障する

　子供が能動的学習者として授業に参加するためには子供が自分に素直になることが大前提であるという。教師の顔色を見ながらではなく、本当の自分として学習に向かうことができることを価値付け、追究することが保障されるような教室環境をつくることが必要である。本当の自分として学習対象と向き合うことで初めて切実な「問題意識」が生まれる。

②子供が自分で選び、決める機会を保障する

　子供自身が切実な「問題意識」をもつためには、子供が自分で選び、決める機会を保障することが必要である。「主体者ということの主要な特徴は、自らのことは自らが意思決定し、それに従って行動するということである」(平野、1994)とある。他者の助けを借りていたとしても、「助けを借りる」ということの判断も含めての自己決定なのである。

③子供が何を学ぼうとしているのかをとらえる

　子供がこれまで何を学んできたかとともに、何を学ぼうとしているのかに目を向けることが重要である。既習事項や学年配当に配慮しすぎることで、かえって子供の問題意識や学びたい意欲にブレーキをかけていないだろうか。学習とは、「未知との出合い」である。自分なりに探究することを通してその事柄についての知識を得るとともに、未知の事柄を理解するためのすべとしての資質・能力が意識的に育まれる。

④子供が何ができているのかをとらえる

　教師の側に実践への強い思いがある時ほど、それに沿わない子供に対して否定的な評価をしたり、あら探しをしたりしてしまうことはないだろうか。「何が足りないか」ではなく「何ができているか」をとらえ、そこから探究を展開するよう支援することが子供の本来的な能動性を引き出すことにつながる。「子どもの事実に立つ」ことの重要な点である。

⑤子供が学ぶ道筋を理解する

　「学ぶ者」である子供の立場に立ってみると、出合う事象は未知である。未知の事象と初めて遭遇した時にはそのものを観察したり、はたらきかけたり、紆余曲折、試行錯誤を繰り返して理解しようとする。それに対して、指導者側の教師の立場は「学んだ者」である。学習課題は既知の事象であり、試行錯誤しなくても解にたどり着ける。教師が導こうとする理解の過程と子供なりの分

かり方は必ずしも一致しないという前提に立ち、子供が学ぶ道筋を大切にする必要がある。子供なりの見方、とらえ方を丁寧に観察し、その過程で子供が発する言葉や行動を、学ぶ側の立場に立ってとらえる必要がある。

2 子供の言葉からアクティブな学びの瞬間をとらえる
(1) アクティブな学びの瞬間①：課題解決に個人の経験や思いが持ち込まれ、それらに基づく予想から妥当な解が探索されている時

　授業における課題解決に、子供個人の課題や学習対象への思い、既有経験、興味・関心、学校外での生活、意思や人間関係など個人的側面がもち込まれる時、子供の学びはアクティブになっている。子供が本来の自分の状態で対象と向き合う時初めて、子供なりに切実な「問題意識」が芽生える。その対象を、自分なりにどうとらえるかは子供なりの「批判的思考」につながる。学習内容と既有経験とが結ばれた時に深い理解がもたらされるとすれば、個人的側面を授業に持ち込むことが深い理解へのきっかけとなっているのかもしれない。

　以下は第5学年の社会科「日本の水産業」の授業事例である。Aくんたちは、「日本の漁獲量が世界第2位のわけ」を資料を見ながら考えている。

表2　第5学年社会科「日本の水産業」における子供の発話

Aくん：	(教科書を閉じ) 何も書いてないな。網でいっぱい魚を獲るために…。
教師：	(他児に)「漁場」は魚が獲れる場所。だけどそこにいけば必ず魚が獲れるってもんでもない。
Aくん：	天気が関係しているのかな。
教師：	いろんな理由があるからね。
Aくん：	先生、寿司とかにしているからじゃダメなの？
教師：	魚を食べるための1つの理由だよね。生で食べたり、焼いて食べたり…。
Aくん：	魚は日本が好きだからかな。
Bさん：	(Aくんに) だから何だっていうんだ。
Aくん：	日本が好きだから。
Bさん：	(Aくんに) 日本が好きなら、日本の何が好きなの？
Cさん：	(Bくんに) 海じゃん。
Aくん：	先生、猫が魚を食べるからとか、ペンギンに餌をあげるからじゃダメなの？
教師：	資料集の中から見てみて。
Aくん：	じゃあ、これなら絶対にいいよ。網で魚をいっぱい獲っているから。
教師：	ああ。なるほど。

表2を見るとAくんは、当初は教科書や資料集から得た知識を用いて課題解決を行おうとしている。しかし、「何も書いてないな」の発話から分かるように検証には至らず別の予想をいくつか立てる。それらの検証は、ユーモアを交えた発話を教師に投げかけ、その反応を見ることで行っている。この場面でAくんの課題解決のあり方に注目してみよう。

・日本の「魚の消費量の多さ」については、生活経験における「寿司」という具体的な食品名からせまってみる。
・日本の地理的条件としての「漁場」の概念につながる「魚にとっての生育環境の良さ」については魚の擬人化を行ってみる。
・イワシの消費量として大きな割合を占める「飼料用の水揚げ」については「猫が食べる」という日常的な事例を挙げる。

これらは、漁獲量の多さの理由に対して教科書や教師の立場からではなく、生活者としての自分や魚の目線から考えようとしているのであるとみることができる。

このような試みに教師から否定的評価がなされると、Aくんは、「じゃあ、これなら絶対にいいよ。網で魚をいっぱい獲っているから。」と教科書の情報に基づく、話し合いの文脈に沿った考え方を再提示する。Aくんは、自分の意見がそのまま受け入れられることよりも、自らの予想を確かめることを優先している。教師から否定的な返答がなされても、次々と発話を繰り出しているのは、教師に確認しながら確からしい予想を絞り込もうとしているのだといえる。Aくんなりの妥当な解にたどり着くまでの試行錯誤の道筋であるともいえるだろう。

（2）アクティブな学びの瞬間②：たどたどしい発話によって思考の過程が示される時

子供が課題解決を進めたり読みを深めようとしたりしている時、子供の学びはアクティブになっている。このような時の子供の発話は、時として「たどたどしい」ものとなる。一柳（2013）は、授業における子供の話し方への着目をする中で「探求的会話」に着目をした。探求的会話とは、子供が思考のさなかで生成する「たどたどしさ」を特徴とする話し方である。授業において、子供

間で共有される話し方の形式は、「誰にでも分かる、形の整えられたものであるべき」と考えられてきたし、そういった発話のための指導に重点が置かれてきた。しかし、思考のさなかにいる子供の発話は「書き言葉」のように整っているものではあり得ない。たどたどしい発話のほうが、思考が活性化している状態、アクティブな状態をそのまま表出しているといってもよい。

以下は第4学年国語科「白いぼうし」の授業において、松井さんの気持ちを発表し合う場面の事例である。

表3　第4学年国語科「白いぼうし」における子供の発話（(一柳, 2013)から抜粋）

教師	：はい、それでは、Aくん。
Aくん	：はい。えっと、おふくろが夏みかんをくれてうれしい。
Aくん	：えっと「あまりうれしかったので、いちばん大きいのを、この車に載せてきたのですよ」（松井さんの台詞を読む）
Bさん	：松井さんは、お母さんが送ってきてくれた、のがうれしくていちばん大きいのをお客さんに自慢したかったんだと思いました。
Cさん	：えっと、いいにおいだな、おふくろはどうして夏みかんのにおいを僕に、あ、えっと、私に届けたかったんでしょう。
Cさん	：さっき、夏みかんのもぎたての、におい、もぎたての夏みかんのにおいをかいでみたら、本当にレモンのにおいがしました。
Dくん	**：えっと、自分の気持ちで…その、もらった松井さんは、おふくろに感謝しているけど…その…おふくろは、その、近くにいないから…夏みかんのにおいじゃなくて…そのおふくろの…においが感じた。**

上の表において、Aくん、Bさん、Cさんの発話は、「発表的会話」と呼ばれるもので、よく形成され、他者に自らの意見を伝えるため、繰り返しみがかれたものであるといえる。それに対して、Dくんの発話は探求的会話であり、言いよどみや躊躇、「その」の多用がみられる。しかし、授業後の感想ではDくんの発話を記憶していた子供が多かったという。つまり、「えっと、自分の気持ちで…その、もらった松井さんは、おふくろに感謝しているけど…その…おふくろは、その、近くにいないから…夏みかんのにおいじゃなくて…そのおふくろの…においが感じた。」のような不完全な話し方である「探求的会話」は、他の子供や教材と向き合い、やりとりする中で生まれており、その場で動いている思考を表している。このように、不完全な話し方によって語られた、登場人物の新たな心情世界を紡ぎ出す読みは他の子供に意識を向けさせ、さらなる

読みを促しているのである。

3 「アクティブ・ラーナー」としての子供観を共有する研修

　これまで見てきた子供観や子供の言葉をとらえる視点は、従来の子供観や授業観からの大きな転換を必要とするかもしれない。子供観や授業観の転換は新たな指導法や評価法の獲得といった知識・技能の獲得とは異なり、教師の信念や視点の変容を伴う。従って、教師自身も学習しながら長期的に指導観の転換をしていくという考えに立つ必要があるだろう。

　このような教師の学習を支える上で有効なのが校内授業研究会（以下、校内研）である。校内研（とりわけ事後検討会）の目的は、教師の「授業を見る視点」の共有にあるといえる。子供の学習を詳細に見取り、子供が能動的に学んでいくさまをとらえ、その見方を協議し、共有していくことが可能となるような校内研を組織したい。他者の授業だからこそ客観的に対象化してとらえやすいのである。

　教師にとって、子供観や授業観はそれまでの個々人の経験において蓄積され当たり前のものとなっている。まずはその当たり前を問い直す機会を創り出す必要がある。

　以下は、アクティブ・ラーニングの視点に立った授業改善に向けて、教師が個人の、そして互いの「子供観」を問い直し「アクティブ・ラーナー」としての子供観を共有するための校内研のヒントである。

（1）具体的な「子どもの事実」を言葉で明確に記録する

　教師の知識や信念は具体的な実践を語る言葉に表れる。研究授業などで他者の授業を観察し、能動的あるいは受動的に学ぶ子供の姿がどういった場面で見られたか、観察した（自分にとっての）子供の事実を言葉で示すことが第一歩となる。それが校内研の意義である。

（2）指導者の目線ではなく、子供の目線に立って観察する

　授業を観察する時には、教師の目線ではなく、できる限り子供の目線に立ってほしい。教師の目線に立って授業を観察すると、どうしても授業者の指導法に目がいったり、子供を指導を受けている対象として見たりしてしまいがちで

ある。子供の目線に自分をおいて、その授業が果たして主体的、対話的に学ぶことができる授業であるのかを検討するのである。協議会ではその結果を持ち寄って議論したい。

(3) 子供の学ぶ姿を意識的にとらえていく工夫をする

　例えば、ワークショップ的な形式をとり、「教師が教え、子供が学んでいる」のではなく、「教室に大人と子供がいて、そこで何をしているのか」という目で授業を観察していただきたい。慣れてくると、教師も子供もともに教室において主体的、対話的に活動している姿が見えるだろう。教師が教えているという前提で見てしまうと、子供を受け手の側に位置付け、「教師が指導し、子供が教師の指導を受けて学んでいる」という関係でとらえてしまう。子供が主体的、対話的に学んでいる姿を発見することができるかどうかに、その教師の子供観が表れる。それが難しければ、子供の学びがアクティブになっていると思われる瞬間を写真に撮り、複数点持ち寄り、フォトセッションを行うことも有効であろう。①それはどういう場面であるのか、②なぜその瞬間を「アクティブになっている瞬間」としてカメラに収めたのか、③写真の子供の姿を授業者の教師はどのように評価したいのか、などを話し合うのである。

　以上のように、アクティブ・ラーニングの視点に立つ授業改善に向け、教師が「はじめに子どもありき」の視点を強く意識し、教師自身の子供観や学習観を批判的に問い返し、同僚とアクティブ・ラーナーとしての子供観を共有することを目指す。教師自身にもアクティブ・ラーニングが求められるのである。

＜参考文献＞
藤江康彦（2010）「問題解決の過程」、秋田喜代美・藤江康彦『授業研究と学習過程』、放送教育振興会、p76-92.
平野朝久（1994）『はじめに子どもありき：教育実践の基本』、学芸図書.
一柳智紀（2013）「児童の話し方に着目した物語文読解授業における読みの生成過程の検討：D.バーンズの「探求的会話」に基づく授業談話とワークシートの分析」、日本教育方法学会紀要『教育方法学研究』38、p13-23.

「アクティブ・ラーニング」を支える子供の学習習慣

　子供たちに主体的な学び、対話的な深い学びをさせたいと思うならば、まずは子供の学習環境を見直しましょう。学習環境を見直す上で様々な視点がありますが、ここでは「アクティブ・ラーニング」を支える3つの子供の学習習慣を紹介します。

学習習慣① 子供自身が問題を発見する

●子供自身が問いをもたないと……
① 当事者意識をもって取り組むことができない。
② 目的を見失いやすい。

→

●授業改善
・導入の工夫
・既有知識の活用の仕方
・解決したいという必要感のある問いのもたせ方 など

学習習慣② 子供が自分の考えを表出したりまとめたりする

●自分自身の考えを出さないと……
① 自分の考えを明確にすることができない。
② 相手と対話的に学ぶ際に互いの考えが共有できない。

→

●授業改善
子供の考えを表出させるために…
・ノートモデルの提示
・板書の工夫　・考察のさせ方
・発表の仕方（話し方）など
まとめさせるために…
・教師が出過ぎない、あせらない。
・答えを安易に教師が出さない。
・考えさせる時間をつくる。　など

学習習慣③ 様々な場面で常に振り返りをする

●常に振り返らないと……
① 何のために観察や実験をやっているのか分からない。
② 自分自身の考えに問題があったとき修正できない。
③ 確かな知識やとらえ方・考え方の定着ができない。

→

●授業改善
・常に問題に立ちかえるよう促す。（何を調べているのか・何をすればいいのか）
・間違いやすい点は共有する。
・修正する時間をつくる。　など

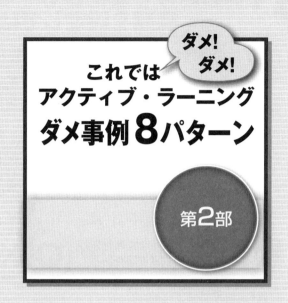

　第2部では、アクティブ・ラーニングの授業改善を目指し、あえて「ダメ事例」と「いい事例」を対比させて考えていく。8つの事例は、アクティブ・ラーニングを導入した授業において、よくある特徴的な失敗事例を厳選したものである。これらの事例の多くは、「指導者自身が授業に問題があると気付いていない」ことが問題であるため、指導者は自らの指導法を振り返り、授業改善をする契機としていただきたい。

第2部「これではダメ！ダメ！アクティブ・ラーニング ダメ事例8パターン」

子供の思考を無視して課題を設定しては

~子供の問題意識を引き出してから課題を設定する~

NG 何がダメなの？

課題を設定する際、教科書に載っているという理由だけで、そのまま課題を教師から与えてしまうことや、「課題を与えたその後から活動的に考えれば良い」という教師の意識に原因がある。子供自身の問題意識から課題を設定しなければ、「やってみたい」という自分事の課題として意欲の高まりが期待できない。また、授業を進めるにあたり、意欲を持続させることが難しくなる。つまり、**子供が自分自身の問題として理解しないまま授業が進んだり、学習の意欲をもてなかったりする（持続しない場合も含む）こと**に問題がある。

OK 改善のポイント

アクティブ・ラーニングは、自分自身で問題を発見し、解決していく主体的な学習の姿である。可能な限り子供自身が、学習の目的をとらえ、主体的・能動的に学習活動を行うために子供の問題意識を高め、課題につなげることを目指す必要がある。そのためには、最初から教師が課題を提示するのではなく、子供一人一人に「知りたい」「調べてみたい」「友達と協力して問題を解決したい」と感じさせる仕掛けが必要となってくる。

そのためには、「単元や本時のねらいは何か」「子供に身に付けさせたい力は何か」「何について話し合わせたいのか」などを踏まえて教師自身が十分に検討し、指導内容を吟味しておくことが大切である。そして、子供の実態に合わせて問題意識を引き出せるような導入を工夫する必要がある。例えば、「一緒に考えてほしい」「解決してほしい」といったストーリーを用意したり、複数の対立する事実を同時に提示し、「どうして違いが出たのかな？」と子供たちに問い、その違いから問題にしたりする方法が考えられる。

思考を促すワークシートを いつも教師から与えるだけでは ダメ！ダメ！
～子供自身に「ワークシート」の有用性を実感させる～

NG いつも教師からワークシートを提示する。

OK 子供の必要感に応じて活用する。

NG 何がダメなの？

「ワークシートを使えばアクティブ・ラーニングになる」という教師の考えから「方法ありき」になっていることに原因がある。一見、活動的に見えても、教師の意思が先行し、教師の言った通りに子供が従っているだけであり、主体的な学びとはいえない。**つまり、子供がワークシートの有用性を理解しておらず、必要性を感じていないことに問題がある。**

OK 改善のポイント

　主体的な学びとは、子供自身が「考える方法」も考えながら、より合理的に解決していくことである。そのため、ワークシートをいつも教師から与えて考えさせることばかりするのではなく、子供自身が学習の中でワークシートを使う有用性を理解し、必要な時に使いたいと感じさせたい。

　子供が学習のツールとして、主体的にワークシートを使いこなせるようになるために、最初は必要に応じて教師が使い方を何回か教え、例えば、「付箋を使うと考えを整理することができるね」と確認しながら、その有用性を実感させる必要がある。また、子供一人一人の思考は必ずしも同じではないため、全員が毎回同じワークシートを使うというよりも、思考方法の一手段として多様なツールの使用を認めていくことも大切である。

第2部「これではダメ!ダメ!アクティブ・ラーニング ダメ事例8パターン」

「知識がたくさん身に付けば深い学びだ」ばかりでは ダメ!ダメ!

~ 「知識の量」だけではなく「考え方」の交流も重要 ~

NG 交流による知識習得の量を重視している。

OK 知識の量だけでなく「考え方」の交流を重視している。

NG 何がダメなの?

　教師は、「多くの知識に触れることが深い学びである」と考え、対話的な学びをさせる際に、子供一人一人の知識を交流させるが、毎回情報の共有でとどまってしまっている事例である。確かに、「知識を多く獲得させたい」という教師の願いは間違っていない。問題は、一人一人の考え方を交流させ、とらえ方や考え方まで十分に獲得させていないことである。つまり、教師が「深い学び」とは知識の量だけではなく、とらえ方や考え方など、考え方の交流まで授業を想定できていないことに問題がある。

OK 改善のポイント

　アクティブ・ラーニングを通して「深く学んでいる」とはどのような姿なのか。「知識」であれば、学習前と比べ「深い知識」「広い知識」「確かな知識」をもった姿といえる。しかし、「深い学び」は知識だけではない。他の要素で考えた場合、例えば「とらえ方・考え方」が曖昧だったものが明確になった、批判的にみる視点をもつようになった、なども深い学びへの変容といえる。このように、知識の量だけではなく、とらえ方や考え方が交流できる授業の組み立てをする必要がある。そのためには、例えば、単に「話し合ってごらん」などと子供に任せて、子供の視点だけで交流させるだけではなく、「○○君は▲▲と言っているけど、他の人はどう考えているの?」「○○君は▲▲と言っているけど、どうしてそのように考えたと思う?」「○○君と□□さんの考えはどこが違うの?」など、具体的に考える視点を含めた発問も必要である。

子供の準備が不十分なのに主体性を求めても ダメ！ダメ！

～単元全体を通して子供の思考に沿って授業を展開することが大切～

NG 急に子供の主体性に期待して授業を展開する。

OK 単元を通して、子供の思考に即して授業を展開する。

NG 何がダメなの？

　アクティブ・ラーニングをする際、できるだけ子供に任せたいと考えがちである。本来は、解決したいという意欲が子供の内面から起き、子供たちの思考に沿って授業が展開されることが重要である。しかし、子供の準備が不十分であるにもかかわらず、子供に主体性や協調性を求めることが少なくない。つまり、子供に任せたいという意識が先行するために、子供の意欲や学習の経験、考え方の積み重ねを軽視している点に問題がある。

OK 改善のポイント

　子供が主体的に学ぶ姿を求めるのであれば、単元全体における子供の学習の流れを第一に考えていく必要がある。子供がどのように考えるのかあらかじめ意識し、どのように単元を展開していくかが鍵となる。もちろん、ここでいう単元構成とは1単位時間の授業の展開も含んだものである。そのためには、導入をどのようにしたらよいか、そこでどのような疑問を抱かせたいのか、そしてどのように問題へとつなげていけばよいのか細部まで検討を加えて単元を構成していく。解決方法についても、例えば「どんな方法で確かめられるかな？」と問うなど、自分たちで考えさせることが大切である。不備な点についてのみ教師が「この点はどうなっているかな」と指摘していく。このように授業を展開することによって、目的意識が薄れずに主体的に子供たちは活動できるようになると考えられる。

「活動や方法」の導入が目的になっている授業をしては

～子供自身が学習目標達成のために学習法を選択することが大切～

NG 何がダメなの？

　教師が、「話し合いや○○法などを実践すればアクティブ・ラーニングになる」という考えから「型にはまった学習方法」にばかり力が入ってしまう実践が見受けられる。はたして教師が与えている学習の方法によって子供は深く学んでいるのだろうか。表面的に意欲的に考え、他者と話をしていても、必ずしも学習内容の質が向上していたり、個人・集団の学習の深まりにつながったりしているとはいえない。つまり、「どのような学習方法を取り入れるか」が先にきており、学習課題から子供自身に学習方法を選択させるという教師の意識が不十分であることに問題がある。

OK 改善のポイント

　授業づくりは学習内容から、教師自身が子供に「何をどこまで考えさせたいのか」を明確にすることが重要である。そのため、「授業で取り入れたい学習方法」に基づいて「子供に何を考えさせるか」を考えるのではなく、「子供は何をどこまで考えられるのか」に基づいて「どんな方法が適切か」を考えることに転換していく必要がある。また、教師が思考方法を一方的に与え、単にそれを身に付けるだけの授業ではなく、「○○したい時は、どんな方法を使えばよいか」などと問い、子供の必要感から適切な活動を選択させ、学習内容に根ざした学びがこれまで習得した多様な知識や考え方をもとに主体的・対話的に深められる授業にしていきたい。

　学習方法はあくまでも学習内容とは切り離せないものである。教師は子供が学習内容のどこに着眼するのか、問題意識やメタ認知、批判的な思考力に支えられる深い学びは学習内容の何と結びついているのかを繰り返し確認することが必要である。

第2部「これではダメ!ダメ!アクティブ・ラーニング ダメ事例8パターン」

全体ができていれば、一人一人もできていると考えたら → ダメ!ダメ!

～一人一人に考えをもたせ、一人一人の状況を見取ることを重視する～

NG グループでできていれば、子供に学びがあったと思っている。

OK 一人一人が課題に向き合い、グループで学習しようとしている。

NG 何がダメなの?

　教師が「グループ学習をすれば、アクティブ・ラーニングになる」という考えから、一人一人の学習に焦点が当てられていないことに原因がある。一見、グループとしては理想的な学習をしている場面でも、活動的な一部の子供が進めているだけで、一人一人が自分自身で考えたり、他者とのかかわりによって考えを変容させたりしているとは限らない。つまり、子供一人一人に考えをもたせなかったり、現在どのような理解状況なのか教師が見取ることができていなかったりすることに問題がある。

OK 改善のポイント

　対話的な学びを進めるためには、まずは個人の主体性が必要である。それには、グループ活動の際に一人一人が考えをもつことが必要不可欠である。また、教師は子供の一人一人の学習状況を見取ることも大切である。子供一人一人に考えをもたせるためには、「一人一人が考えをもつための見通しのもたせ方の工夫」や「自分の考えをもつための個人思考の時間の確保」などの支援が必要である。また、子供を見取るためには、「自分の考えを書かせる」「友達との交流で、友達の考えや自分の考えの変化を書かせる」などの支援が考えられる。

　グループ学習では、一人一人が問題意識をもち、それぞれの考えや知識を交流し、認めることが大切である。その際、考えを安心して交流することができる人間関係がある環境づくり、さらに、それを基盤にした学習環境づくりも教師の大切な支援である。

問題意識さえもてば、解決方法の見通しまでもてると考えては ダメ！ダメ！

～「這い回る学習」にならないために 重ねた経験を生かす～

NG　問題意識をもたせたら、後は子供まかせ。

OK　解決方法の経験を事前に積み重ね、身に付けている。

NG 何がダメなの？

　教師が「問題意識をもてば、主体的な学びとなる」という考えから「問題意識をもたせた後は子供まかせ」になっていることに原因がある。効果的な導入により、子供の問題意識が高まっても、「考える方法」や解決にともなう知識の習得方法などに見当が付かなければ、主体的な学びが進むことはない。**つまり、その学習活動の過程で必要な知識や能力などが子供に身に付いていないことに問題がある。**

OK 改善のポイント

　主体的な学びにおいて、問題意識をもつことは必要不可欠であるが、その問いの追究を実現する考え方や知識を子供自身が選択できる状態になっていることも大切である。
　そのためには、指導にあたり教師が子供自身で解決するのに必要な解決方法や情報収集の手段、まとめ方などを事前に想定しておく必要がある。子供だけで解決する上で不十分だと判断した場合は、事前に教師の指示のもとに類似の活動を導入し、解決方法や知識を身に付けるよう支援することが大切である。「自立した活動」に向けて、教師の支援が加わりながらも、子供自身が考え方や話し合いなどの活動のよさに気付き、成功体験や失敗体験を積み重ねることが大切である。

「どんな考えでもよいから、とにかく話し合うことが大切」と考えたら ダメ！ダメ！

～子供の考えを全て受け入れるのではない！
学習のねらいに沿っているかどうかが大切～

NG 子供の考えは何でも受け入れている。

OK 学習のねらいを再認識して子供の考えを修正している。

NG 何がダメなの？

　アクティブ・ラーニングというと、どうしても子供がたくさん発言している姿を求めてしまいがちである。一生懸命な教師ほど、子供から、どんな考えでもよいから出させようとしてしまうことが少なくない。その結果、学習のねらいからずれてしまい、根拠のない考えや神秘的な考えに終始してしまうことがある。このような話し合いを続けていても、学習は深まるどころか、問題の解決すらできないだろう。**つまり、「子供から出た意見は大切だ」という考えから、学習のねらいがずれていても、どんな考えでも受け入れるという教師の姿勢に問題がある。**

OK 改善のポイント

　子供が考えを発表した時は、例えば理科の実験であれば観察や実験の目的に沿って、「どうしてそう考えたの？」などとその根拠を聞いたり、どの事実に着目して導き出した考えなのか明らかにしたりしておくことが大切である。子供が空想論を話し始めたら、その時点でストップをかけ、観察・実験の結果やノートあるいは教科書に戻ることが鍵となる。事実に即して考えることが基本的な姿勢となるように、話し合いを導きたい。もし事実に即した考えが出ない場合は、それよりも前の活動に何らかの原因があると考え、「今、確かめたいことは何かな？」などとねらいを再確認するか、もう一度観察・実験させた方がよい。このように、問題を解決していく上で必要となる事実を確実につかませることが、学習を深めていく上で外せない道筋となる。

あなたの「アクティブ・ラーニング」の言葉の使い方は大丈夫？

巷では、「アクティブ・ラーニング」が様々な意味でとらえられたり、使われたりしています。このような混乱が起こる原因は、大学の定義をそのまま理解して使っているためだけではなく、実は何気ない言葉の使い方が問題となっているのです。下の事例をご覧ください。

ある研修の場面で……

本校の研修では「**アクティブ・ラーニングで授業改善**」をテーマにします。

✗ 私はアクティブ・ラーニングになる○○法を授業に入れます。この方法を入れれば主体的に思考します！
→ **教師が指導法を導入する授業**ととらえている。
A先生

△ 子供が考えを促進するように○○思考法を入れます。この方法を子供が身に付ければ、主体的になります！
→ **子供がスキルを学ぶ授業**ととらえている。
B先生

○ 私はまず問題意識をもたせるための授業展開を考えます。まずは、子供が当事者意識をもって問題をもつことが重要！
→ **深い学びに必要な条件を備えた授業**ととらえている。
でも、A先生B先生とは何か違うような…
C先生

A先生は、「アクティブ・ラーニングの指導法を導入した授業」ととらえていて、間違っています。B先生は、子供に思考のスキルを身に付けさせることは大事ですが、スキルを教えることに偏る危険性があります。このように、3人の先生が「アクティブ・ラーニング」の意味をばらばらにとらえていることに問題があります。

実は、これ以外にも下の例のように「アクティブ・ラーニング」の前後に意味を付加して発言していることがあります。

●**正しい意味でとらえられている使い方**
例「アクティブ・ラーニングにする（なる）」
○（教師が）アクティブ・ラーニング（の姿）にする（ための授業改善）
○（子供が）アクティブ・ラーニング（の姿）になる（ための授業改善）
●**間違った意味でとらえられている使い方**
例「アクティブ・ラーニングをする」
✗（教師が）アクティブ・ラーニング（の指導法）をする
✗（子供が）アクティブ・ラーニング（のスキルを使って学習）をする
●**両方の意味でとらえられる使い方**
例「アクティブ・ラーニングを意識した授業」
○（子供を）アクティブ・ラーニング（の姿にする条件を考え授業を改善すること）を意識した授業
✗（教師が）アクティブ・ラーニング（の指導法）を意識した授業
✗（子供に）アクティブ・ラーニング（のスキル）を（教えることを）意識した授業

アクティブ・ラーニングの視点からみた授業改善8実践

第3部

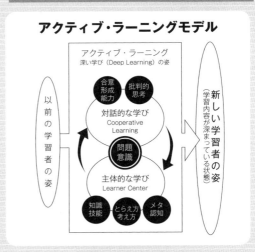

アクティブ・ラーニングモデル

　第3部では、資質・能力を育成するアクティブ・ラーニングの授業を行うために6つの要素からみた具体的な8つの授業モデルを紹介する。また、これらの実践は、これまでの授業を改善するためにどのような視点をもてばよいのかについて紹介しているともいえる。資質・能力育成のためにどのように授業改善をするのかについて、1つの参考としてご活用いただきたい。

実践01

第3部 「アクティブ・ラーニングの視点からみた授業改善8実践」

水はどこから

4年 社会 主体的な活動を促す工夫

習得→活用→探究の流れを通して一般化する意識を
もたせることで、習得したことが活用できるようになる

① 資質・能力育成を含めた単元の目標

東京都民に必要な飲料水の確保や下水の処理について、次のことを見学、調査したり資料を活用したりして調べ、水道事業は東京都民の健康な生活に役立っていることを考えることができる。

また、水道システムを東京都の事例（一事例）だけで結論を導くのではなく、他の地域の浄水の事例（多事例）からどの地域も同じ仕組みであることを導く（一般化する）客観的な考え方を身に付けることができる。

② 本単元におけるアクティブ・ラーニングの評価

（1）問題意識

東京都の水道システム（川の上流で水を取り入れ、浄水場で水をきれいにし、各家庭に送ること）を習得した後、他府県についても同様のシステムがつくられているか問題意識をもつことができる。

（2）知識・技能

東京都の水道システムから類推して、他府県も同様である（水を取り入れるところが、川ではなく、湖であるなど別の形であっても同じシステムである）と推論することができる。

（3）とらえ方・考え方

東京都の水道システムの追究で習得した、自治体ごとの副読本、水道局のHPを中心に調べる方法を活用して、他府県の水道システムを調べることができる。

（4）メタ認知

実際の授業では、大阪府は東京都と違うと考えた班は、浄水場のシステムが違うことを根拠にしていた。ところが、最初の定義や自分たちの思考過程を振り返ると「湖〜川〜取水堰〜浄水場〜家庭・学校」というのを『水の旅』としていた。このように、浄水場のシステムの差違は定義とは関係ないのではないかということになり、「大阪府の水道システムは東京都と同じ」ということを導くことができる。

3 単元の指導計画（10時間）

■学校では、水はどこで、どのように使われているのだろうか。（1時間）

流し場、理科室、家庭科室にたくさんの蛇口がありました。
プールで、たくさんの水を使っています。

■家庭では、水はどこで、どのように使われているのだろうか。（1時間）

トイレは各階に2カ所ずつありました。
お風呂、トイレ、台所でたくさんの水を使っています。
家の外にも蛇口があって、洗車や庭の水やりに使っています。

■水の使用量はどのように変化しているのか。
　東京都の年ごとの使用量のグラフと使用目的のグラフを見て考えよう。（1時間）

使用量は増えてきている。洗濯機や風呂やシャワーが増えたことが原因ではないか。

■東京都の水道の水は、どこからどのように来るのだろうか。
　①小河内ダムや水源林のはたらき（1時間）
　②多摩川と羽村取水堰、利根川と利根川取水堰（1時間）
　③東村山浄水場の仕組みとはたらき（1時間）
　④各家庭へ水をくばる仕組み（1時間）

アクティブ・ラーニングを考える本時の問題

■**日本の別の場所でも水道は東京都と同じような『水の旅』をしているのだろうか。（2時間）**
　＊『水の旅』とは、湖→川→取水堰→浄水場→家や学校の流れを指す。

■使った水はどこに行くのだろうか（下水の処理）。（1時間）

きれいにしてから、川や海に流しているのだと思う。

④ 本時の流れとアクティブ・ラーニングの姿

前時

考察：東京都の水道について習得した後に、学習の振り返りや新たな疑問を書く時間を設定し、その中から、問題を取り上げる。

活用の時間　1時間目

問題：日本の別の場所でも水道は東京都と同じような『水の旅』となっているのだろうか。

仮説❶：日本各地に山や川があるから、他府県も東京都と同じような『水の旅』となっていると考えられる。

仮説❷：山の多い県や山の少ない県もあるから、『水の旅』となっているところとそうでないところがあると考えられる。

活用の時間　2時間目

調べ学習：岩手県奥州市、静岡県袋井市、大阪府大阪市、広島県広島市の『水の旅』について、各市が発行している資料（副読本）を調べる。

結果：班ごとに4つの市の水道システムを調べた結果を一覧表にまとめる。

結論：各班の出した結論について検討を加え、クラスとしての結論を出す。

> 袋井市も、広島市も、奥州市も、大阪市も『水の旅』はほぼ同じなので、東京以外の場所でも、東京と同じような『水の旅』となっていることが分かったよ！

■アクティブ・ラーニングにするための教師の支援

前時の考察する場面

問題解決の学習で結論を出した後に考察を書くように継続的に指導する。その際、いくつかの観点を与えることが必要である。この実践につながる観点として、「他府県の水道も東京と同じような仕組みなのか？」と東京都で学んだことを他へ当てはめて考えることが有効である。

▶「前時の考察」の工夫はP66へ

問題を設定する場面

他教科であらかじめ「他のものでも当てはまるのか」と疑問をもつ習慣をもたせる。例えば、理科「天気と気温の変化」では、晴れの日の気温を1日測定して、グラフ化する学習がある。その後の考察で、「晴れの日はいつもそうなるのか。」「他の天気の時は、どのようなグラフの形になるのか。」といったことを繰り返し指導し問いをもたせる。同様に東京都の水道を学習した後に、「他府県の水道の仕組みはどうなっているのか？」といった問題意識をもつことができる。

仮説を考える場面

仮説は既習の内容と関係付けて考えることができる。

「～をもとに考えると、・・・と考えることができる。」

「～と同じように、・・・・・と考えることができる。」

といった話型を与えることにより、中学年でも比較的容易に既習の内容から類推して仮説を立てることができる。この際、「～」にクラス共通の生活経験や既習事項を入れることで、客観性の高い根拠となり、合意形成が促される。

調べ学習をする場面

東京都の学習では副読本を使って調べ学習を進めたことから、他の都市についても、副読本を入手することにより、とらえ方・考え方である調べ方が共有される。

結論を導く場面

同じ資料でも、班で結論が異なる場合がある。どのようにそう判断したのかを一つ一つ確認することにより、批判的思考や合意形成能力が高まる。

▶「結論」の工夫はP67へ

PICK UP 「前時の考察する場面」の工夫
(8／10時間目)

質の高い振り返りや価値のある問いを取り上げ、子供に紹介することで、どのようなことを記述すればよいのかというモデルとして理解していくことができます。

●授業を変える視点

1 習得を確実にするために、基礎・基本と活用を明確化する

「一事例の追究」は教科書レベルの学習で、基礎・基本の習得に当たる。そこから、「多事例へと対象を拡張して、一般化」していく。この２つをつなぐものが「考察」である。

2 活用の意識を育むために、言葉かけや単元展開を繰り返す

「他の県はどうなっているの？」といった疑問を子供にもたせるのは、この単元だけの指導では難しい。大単元「安全なくらしとまちづくり」の「災害からまちを守るために」では、教科書と副読本で地域の消防の仕組みを学ぶ（基礎・基本）。そこから、「他府県でも119番で消防につながるの？」といった疑問を追究する学習（活用）を展開する。このような単元展開を繰り返し行うことで、「他のものにも当てはまるか。」という疑問を引き出し、考察させるようにするとよい。

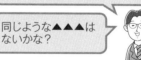

3 問題意識をもたせるために、ノート活用を工夫する

子供一人一人がノートに自分の考察を書き、それをクラスで出し合い、次に追究する課題を設定していく。教師が主導で「活用の授業」をするというより、多くの子供に支持され、教師が追究の価値が高いと判断したものについて、「基礎・基本の習得後の活用」として授業を行っていく。

第3部 「アクティブ・ラーニングの視点からみた授業改善8実践」

「結論を導く場面」の工夫
（9／10時間目）

結論が班ごとに異なっていても、なぜそう判断したのかを発表させ、どちらも妥当な判断ならば両論併記で構いません。その際、「ここは同じ考えだね。ここが違うね。」と共通点・差異点を明確にすることも必要です。

●授業を変える視点

1 判断の規準を明らかにするために、一覧表を活用する

	袋井	広島	大阪	奥州
1班	×	○	×	×
2班	○	×	×	○
3班	○	○	×	○
4班	○	×	×	○
5班	×	×	×	○
6班	○	○	×	○

東京と同じ…○、違う…×

班ごとに、他府県や他市町村の水道の仕組みをそれぞれの地方の副読本で調べ、東京と同じかどうかをチェックする。それを一覧表にまとめる。班ごとに調べて、結果をまとめ、そこからクラスとしての結論を得る過程で対話的な学びが成立すると考える。

ここで大切なのは批判的思考と合意形成の能力である。左の結果を見ると、大阪市は東京とは異なる水道の仕組みのように思える。広島市に関しては、同じ副読本から2通りの結論が出ている。そこで、それぞれの班が、何を根拠に東京と同じ、あるいは違うという判断をしたのかを自分たちの班の考えを再検討しながら明確にしていく。

2 クラスの結論を導くための根拠の明確化

右の子供のノートの記述によれば、大阪市が東京と異なると判断した根拠は、水源が湖だという事実である。また、広島市や奥州市が東京と異なると判断した根拠は、浄水場の仕組みが東京と違うという事実からである。

そこでこれらの根拠が妥当かについてクラスで話し合った。その結果、今、確かめていることは浄水場があるかないかであって、浄水の仕組みについては問うていないということから、広島、大阪、奥州も東京と同じ仕組みで水道が成り立っているという合意が得られた。

実践02 5年 理科

第3部「アクティブ・ラーニングの視点からみた授業改善8実践」
電流が生み出す力

問題意識をもたせる工夫

子供の強い興味を引き出すことで、
粘り強く取り組み続けるようになる

① 資質・能力育成を含めた単元の目標

電磁石の導線に電流を流し、電磁石の強さの変化を調べ、電流のはたらきについての考えをもつことができるようにする。

また、N極とS極が電磁石によって異なる原因は何かという問題意識をもたせることを通して、自分自身の予想や仮説をもち、実際に予想や仮説通りなのかを検証できるまで追究する態度をもって問題を解決することができる。

② 本単元におけるアクティブ・ラーニングの評価

(1) 問題意識

共通の鉄心、同じ太さの導線を使って、自由に電磁石をつくる活動をした後に、自分の電磁石と友達のつくった電磁石を比較し、共通点や差異点を挙げていく中で、「極のでき方が違う原因」や「電磁石の強さが違う原因」などについて問題を見いだすことができる。

(2) 知識・技能

極のでき方が違う原因については、第4学年で既習である「電流の向きとモーターの回転方向の関係」などから、電流の向きに関係があるのではないかと予想することができる。

電磁石の強さが違う原因については、第4学年で既習である「電流の強さと豆電球の明るさの関係」などから、電流の強さに関係があるのではないかと予想することができる。

上記の仮説を検討することを通して、電磁石の性質についての知識を構築することができる。

(3) とらえ方・考え方

磁力の大きさを測定するために、引き付けられたクリップやマグチップの数や重さを利用することで検証が可能であることを理解し、実験計画を立てることができる。

③ 単元の指導計画（11時間）

第1次 電磁石の性質（4時間）

■電磁石と棒磁石の同じところと違うところを見つけよう。（1時間）

N極とS極があること、鉄を引き付けることは同じです。
電流を流した時だけ、磁石になるところが違います。

■自分用の電磁石をつくろう。（1時間）

> **アクティブ・ラーニングを考える本時の問題**
> ■各自がつくった電磁石の極のでき方や鉄を引き付ける強さが違う原因は何だろうか。

■各自がつくった電磁石の極のでき方が違う原因は何だろうか。（2時間）

電流の向きが違うのではないでしょうか。モーターの時も電流の向きを逆にするとモーターが逆に回りました。
導線の巻き方が人によって違うのではないでしょうか。

第2次 電磁石の強さ（4時間）

■各自がつくった電磁石の強さが違う原因は何だろうか。（2時間）

電流の強さが違うのが原因だと思います。
人によって巻き数が違うのが原因だと思います。

■電磁石の力を強くする方法はないだろうか。（2時間）

電池を直列つなぎにした時に電流が強くなって豆電球が明るく光り、モーターも速く回転したので、電磁石の場合も、電流を強くすればいいと思います。

第3次 電磁石を利用したものづくり（3時間）

■電磁石の性質を利用したものの設計図をかく。（1時間）

■電磁石の性質を利用したものづくりを行う。（2時間）

④ 本時の流れとアクティブ・ラーニングの姿

活用の時間 1時間目

問題の設定
各自が自由に導線を鉄心の周りに巻き、乾電池1つをつないで電磁石をつくる。友達と比較して、同じところと違うところから、気付いたことや疑問に思ったことを発表し合い、問題を設定する。ここでは、特に磁力の大きさの違いと極のでき方の違いに着目させる。

↓

問題❶
各自がつくった電磁石の鉄を引き付ける力が違う原因は何か。

↓

仮説❶
人によって、巻いている導線の巻き数が違うので、それが原因だと考えられる。巻き数が多い電磁石の方が鉄を引き付ける力が強いと考えられる。

↓

問題❷
各自がつくった電磁石の極のでき方が違う原因は何か。

↓

仮説❷
・人によって鉄心に導線を巻いていく時の向きが違うから、それが極のでき方の違いになっているのではないかと考えられる。
・電池のつなぎ方によって極のでき方が違うから、電流の向きが関係していると考えられる。

活用の時間 2時間目

実験❶
長さを一定に揃えた導線で、巻き数を変えて鉄を引き付ける力をクリップの数で測定し、巻き数と力の関係を調べる。

↓

実験❷
導線を巻く方向を、「右巻き」、「左巻き」とし、電流の向きと合わせて4通りの電磁石の極のでき方を調べ、規則性を見いだす。

↓

結果 結論
結果を一覧表にまとめる。

電磁石が鉄を引き付ける力の違いは、巻き数の違いが原因だったよ。電磁石の極のでき方の違いは、導線を巻く向きと電流の向きが原因だった！

第3部 「アクティブ・ラーニングの視点からみた授業改善8実践」

■アクティブ・ラーニングにするための教師の支援

問題を設定する場面

　本単元では、自由に導線を鉄心に巻くことによって、自分と友達の電磁石の鉄を引き付ける力の違いと電磁石の極のでき方の違いに気付かせたい。そのためにはまず、グループの形態で子供が自分のものと友達のものを比較できるような場の設定が必要である。次に、友達と電磁石をつくる活動を通して気付いたことを発表させる機会を設定する必要がある。各グループの気付きを全体で共有することにより、クラスの問題として設定して追究する活動が始まる。

▶「問題設定」の工夫はP72へ

仮説を考える場面

　自分の考えの根拠を示す際に、生活経験や既習事項を入れることで、より客観性の高いものとなる。しかし、今回の電磁石の単元のように共通の生活経験がないものもある。その際には子供が観察・実験を行うなどといった体験活動を入れることが、自分の考えの根拠となり得る。

▶「仮説」の工夫はP73へ

実験をする場面

　仮説を確かめるための方法として、自由に電磁石をつくった経験を想起させ、同じにする条件と変える条件について話し合わせる。ここで実験の見通しをしっかりもたせることで、子供の主体的な活動が継続されると考える。また、実験①の巻き数については、グループで何回巻きをつくって比較するかを検討させることで、協働的で対話的な学びが促進されると考えられる。

結論を導く場面

　「各自がつくった電磁石で鉄を引き付ける力が違う原因は何か」「各自がつくった電磁石で極のでき方が違う原因は何か」という問題に対して、条件の異なる各グループの結果を持ち寄り、結果に違いがあるか比較して結論を導く。

PICK UP

「問題を設定する場面」の工夫
(3／11時間目)

子供が問題意識をもつためには、共通点や差異点に気付くような事象提示と気付きを交流する場と機会を与える必要があります。

●授業を変える視点

1 問題意識をもつために、共通点や差異点を明確にする

問題意識をもたせるためには、例えば次の4点が挙げられる。

本単元の場合、③の方法を利用して問題意識の育成を目指した。極のでき方は次の4通りで、鉄心には両端の形が異なるものを使う。下図でいうと突起のあり無しで区別できる。

ⒶとⒹを比較する。Ⓐは突起（くぎの頭）のある方がN極であるのに対し、ⒹはS極となっ

ている。ここで電池のつなぎ方を見ると、＋－が逆になっているため、電流の向きによって極のでき方が違うのではないかと予想することができ、自身が「調べたい」問題として意識するようになる。

ⒶとⒷを比較する。Ⓐは突起のある方がN極となっているが、Ⓑは同じ電池のつなぎ方にもかかわらず、S極となっている。このことから、原因は電流の向きではなく、導線の巻く方向ではないかと予想することができ、自身が「調べたい」問題として意識するようになる。

「仮説を考える場面」の工夫
(3／11時間目)

子供の問題意識を持続させるためには、自分たちで考えた問題に対して予想し、その予想が「観察や実験で調べることができる」ということを教師と子供が共有している必要があります。

●授業を変える視点

1 問題解決の過程を身に付けるために、「比較→共通点と差異点に気付く→原因追究→予想や仮説をもつ」の流れを繰り返す

　主体的な問題解決の流れの中で子供自身が予想や仮説をもつことが大切である。教師に与えられた問題に対して予想や仮説をもつことではなく、自ら発見した問題に対して、予想や仮説をもたせたい。自ら発見した問題に対して予想や仮説をもつ過程がなければ、次の実験計画への主体的な取り組みは期待できない。このような学習過程を理解し、子供自らが実行するためには、1つの単元だけでは難しい。年間を通して、複数単元で学習経験を積み重ねていくことが大切である。

2 妥当な予想や仮説を立てるために根拠を明確にする

　予想や仮説を立てる際に、より妥当な予想や仮説を導くためには、十分な思考が必要である。そのために、子供には根拠を明確にすることを求めたい。その際、既習事項や多くの子供が経験している共通な経験から考えることが望ましい。

　本単元でいえば、第3学年、第4学年で学習した電気に関する知識やきまりを、考える核として予想や仮説を立てることができる。

豆電球の明るさと電流の強さは関係があったから、電磁石も同じように考えればいいと思う。

（4年の学習からの類推）

アルミニウムや鉄などの金属は電気を通すから、銅線の代わりに他の金属線を使っても、電磁石になるのかな？

（3年の学習からの類推）

3 円滑に観察や実験をするために、予想や仮説で見通しをもつ

　自分が立てた予想や仮説は実験によって検証される。つまり検証可能である予想や仮説のみが、予想や仮説として成立するのである。このような意識を教師と子供がともに共有している必要がある。そうでないと、教師が与えた実験を行い、結果を確認するだけの学習となってしまい、主体的な学習が成立しなくなってしまうといえる。

実践 03

第3部 「アクティブ・ラーニングの視点からみた授業改善8実践」

順序よく整理して調べよう

6年 算数 考え方を身に付けさせる工夫①

自らの立場を明確にし、見通しをもたせることで、考えを広げ深めることができる

① 資質・能力育成を含めた単元の目標

具体的な事柄について、起こり得る場合を順序よく整理して調べることができるようにし、筋道立てて考えを進めていこうとする態度や考え方を身に付ける。

また、まず簡単な問題を出題し、基本的な解き方を理解した上で、次に少し難解な問題を出題し問題意識をもたせることを通して、どのように解くのかという見通しをもって解決する態度をもつことができる。

② 本単元におけるアクティブ・ラーニングの評価

(1) 問題意識

赤玉2個、白玉3個の中から2個同時に取り出す時の出方として、赤・白と白・白では、どちらが出にくいか問うと、意見が分かれる。自分とは違う考えに触れ、「明らかにしたい」「調べたい」といった問題意識をもつことができる。また、条件や数値を変えて、次の問題意識をもつことができる。

(2) とらえ方・考え方

赤玉2個、白玉3個の中から2個同時に取り出す時の考え方を用いて、3個同時に取り出す時も同様に樹形図や表を用いて調べることが有効であると考えたり、玉にラベルを付けて調べると分かりやすいことを理解したりすることができる。

(3) 合意形成能力

場面に合わせてよりよい判断をすることができるように、玉を同時に3個取り出す時の出方を求める時には、一つ一つ書き出すよりも2個取り出す時の樹形図や表を用いて解く考え方が有効であるといった、それぞれの考え方のよさについて話し合うことができる。

③ 単元の指導計画(6時間)

「並べ方」

■4つの乗り物に乗る順序にはどのようなものがあるだろうか。(2時間)

 記号にして考えたり、先頭を固定して順に調べたりするとよいです。

 樹形図にしたり、表に表したりすると落ちや重なりなく調べることができます。

 Aが先頭の時は、6通りの乗る順序があったので、同じように考えると6×4で24通りあります。

■4つの数字で2桁の整数は何通りできるのだろうか。
■メダルを3回投げた時の表と裏の出方は何通りあるのだろうか。(1時間)

 乗り物に乗る順序と同じように、表や樹形図にして調べると落ちや重なりなく調べることができます。

「組み合わせ方」

■4チームの試合数は何通りあるのだろうか。(1時間)

 今までの学習と違うところは、A対BとB対Aは同じものとして考えなければいけないところです。

 樹形図の他に、リーグ表を使ったり、多角形の辺や対角線を使ったりして調べることもできそうです。

■5種類のアイスクリームから2つ選ぶ選び方は何通りあるのだろうか。(1時間)

> **アクティブ・ラーニングを考える本時の問題**
> ■赤玉2個と白玉3個から同時に2個取り出す時の2等賞は赤・白と白・白のどちらだろうか。(1時間)

 同じ赤玉でも違うものとして考える必要があります。
樹形図や表を使って調べればよさそうです。

④ 本時の流れとアクティブ・ラーニングの姿

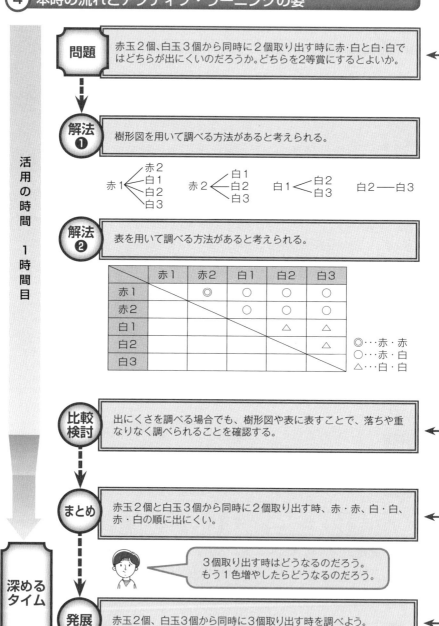

活用の時間　1時間目

問題　赤玉2個、白玉3個から同時に2個取り出す時に赤・白と白・白ではどちらが出にくいのだろうか。どちらを2等賞にするとよいか。

解法❶　樹形図を用いて調べる方法があると考えられる。

赤1 ─ 赤2／白1／白2／白3　　赤2 ─ 白1／白2／白3　　白1 ─ 白2／白3　　白2 ─ 白3

解法❷　表を用いて調べる方法があると考えられる。

	赤1	赤2	白1	白2	白3
赤1		◎	○	○	○
赤2			○	○	○
白1				△	△
白2					△
白3					

◎…赤・赤
○…赤・白
△…白・白

比較検討　出にくさを調べる場合でも、樹形図や表に表すことで、落ちや重なりなく調べられることを確認する。

まとめ　赤玉2個と白玉3個から同時に2個取り出す時、赤・赤、白・白、赤・白の順に出にくい。

深めるタイム

（吹き出し）3個取り出す時はどうなるのだろう。もう1色増やしたらどうなるのだろう。

発展　赤玉2個、白玉3個から同時に3個取り出す時を調べよう。

第３部 「アクティブ・ラーニングの視点からみた授業改善８実践」

■アクティブ・ラーニングにするための教師の支援

問題を設定する場面

　問題意識を子供にもたせるためにも、意見が対立する場を設けることが１つの有効な手立てとなる。赤・白と白・白ではどちらが出にくいか問うと、意見が分かれる。意見の対立は、「明らかにしたい」「整理したい」「早く解きたい」という主体的に学ぶ態度につながる。
　はじめに、１個取り出す時の出方は赤か白であるが、出やすさには違いがあることを確認する。次に、２個取り出す時には、赤・赤、赤・白、白・白の３通りの出方があるが、その出やすさはどうかと問う。１等賞は赤・赤が２個しかないので取り出しにくいとすぐに分かるが、赤・白、白・白ではその違いを調べてみないと分からないという問題意識をもたせる。

▶「問題設定」の工夫はＰ78へ

考えを比較検討する場面

　教師が主導となるのではなく、教師は子供の意見と意見をつなぐ橋渡し役となるようにしたい。本時の肝となる重要な考え方を全員に理解させる場合には、それぞれの考えを教師の言葉ですぐにまとめるのではなく、「今の考えはどういうことですか？」と問い返し、子供の言葉でまとめていくことが有効である。それを繰り返すことで、子供の言葉がより洗練されていき、より深い知識・技能の定着につながる。

まとめを導く場面

　上記の考えを比較検討する場面と同じように、子供の言葉でまとめさせることが有効である。その際に、どのようにまとめたのかを子供たちから引き出し、集団としてどのようにまとめればよいか、より妥当なまとめをグループで探ることを通して、合意形成能力が高まる。

発展の場面

　新たな問いをもたせるために、３等賞の場合で考えたり、取り出す色玉の数を変えたりするなど「条件や数値を変えたらどうなるか」といった発展につながる考え方を子供にもたせる。子供から生まれた問いは次の問題意識となり、持続的な学習へとつながる。

▶「発展」の工夫はＰ79へ

PICK UP 「問題を設定する場面」の工夫
(6/6時間目)

子供にとっての問題を解く必然性を意識することがポイントです。「明らかにしたい」「整理したい」「早く解きたい」など、意欲を引き出し、解決の見通しをもたせることが大切です。

●授業を変える視点

1 問題を解く必然性をつくるために、自分の立場を明確化する

　この実践では、意見が人によって分かれる場面を設定した。その際に、全員にどちらだと思うか、立場を取らせた。「赤・白」、「白・白」、「まだ分からない」などの項目に全員を参加させるのである。このように自分と違う考えをもっている人がいることを明らかにすることで、子供は「明らかにしたい」という問いをもつ。

　他にも子供から考えを引き出す場面では、教師がわざと煩雑になるようにすれば「整理したい」という意欲が引き出される。問題を提示する場面では、まず簡単な場面を全員で解いて、スモールステップで問題を発展させる。そして、全員を同じスタートラインに立たせることで、「早く解きたい」という意欲が引き出される。本時のねらいに迫る意欲をどのように引き出すかを考えることが重要である。

2 見通しをもつために、単純化した問題で考える

　算数の問題解決において見通しをもつことは、重要である。しかし、もたせすぎては、問題を解決する意欲が低下し、もたせないと、自力で解決できない。この実践では、まず1個を取り出す時に赤と白のどちらを当たりにするかという場面を設定した。そうすることで、出方は赤と白のどちらかだが、出にくさには違いがあるということ、同じ色でも違うものとして扱うことなどを確認することとなり、2個取り出す時のもととなる考え方を共有することにつながる。

第3部 「アクティブ・ラーニングの視点からみた授業改善8実践」

「発展の場面」の工夫
(6／6時間目)

教師が全てまとめて終わりにせず、短い時間でも子供が次の問いを生み出す時間を設けることで、子供から「条件や数値を変えたらどうなるの？」と考える主体性が身に付いていきます。

●授業を変える視点

1　新たな問いをもつために、発展の視点をもたせる

　授業はまとめて終わり、そう思っていないだろうか。子供が新たな問いをもち、自ら主体的に学んでいこうとする態度を身に付けさせるには、まずは新たな問いを生み出す時間をとること、どのように問いをもてばよいかを教えることが必要である。この実践では、まとめの次に「深めるタイム」を設け、学んだことを発展させて、新たな問いを生み出している。ここでの新たな問いとは、数値を変えたり、問題の条件や場面を変えてみたりすることである。1個取り出す時、2個取り出す時と授業が進んできたので、多くの子供は3個取り出す時にはどうなるのだろうかという問いをもった。

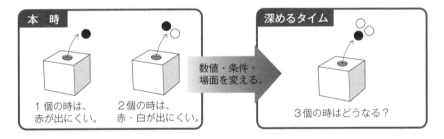

2　持続的な学習につなげるために、新たな問いを追究する

　新たに生まれた問いは、考えの適用、活用につながるので、時間の許す限り付き合いたいところである。この実践では3個を取り出す時にはどうなるかという問いを取り上げ、追究した。2個取り出す時の出方を考える時には、どのように考えればよいか思いつかなかった子供も、友達の考えを用いて解いたり、図に表すよさを再確認したりする場面となる。この積み重ねが、持続的な学びへとつながっていく。

実践04 6年 国語 海の命 考え方を身に付けさせる工夫②

論理的に自らの考えをもって他者と対話させることを通して、考えを広げ深めることができる

1 資質・能力育成を含めた単元の目標

登場人物の相互関係から人物像やその役割をとらえ、優れた叙述について自分の考えをまとめることができるとともに、考えたことを発表し合い、自分の考えを広げたり深めたりすることができる。

また、登場人物の関係性をとらえ、どのような叙述をもとにすれば人物像や役割、心情をまとめることができ、よりよい説明ができるかという「とらえ方・考え方」を身に付けることを通して、友達に作品の魅力を伝えることができる。

2 本単元におけるアクティブ・ラーニングの評価

(1) 問題意識

「海の命」の作品の魅力を効果的に伝えたい、という思いをもち、そのために作品の人物相互の関係に注目して友達と考えを交流し、考えを広げたり深めたりしようという目標を設定することができる。

(2) 知識・技能

「海の命」の登場人物の相互関係を人物相関図に表しながら読み、人物像や役割、内面にある深い心情をとらえることができる。

(3) とらえ方・考え方

複数の相互関係の中から、「作品の魅力を伝える」という目的に向かって、最も作品の魅力につながっていると考えられる相互関係を選択する力(複数の選択肢から目的に応じて適切なものを選択する力)、複数の叙述をもとに人物像や役割、心情をまとめる力(帰納的な考え方)を身に付け、自分のおすすめの物語の魅力をプレゼンテーションする時に適用することができる。

(4) メタ認知

なぜその相互関係が最も作品の魅力につながると考えたのか、友達と叙述をもとにしながら考えを交流し、「作品の魅力を伝える」という目的に向かってその理由をさらに深めることができる。

〈人物相関図〉

第3部 「アクティブ・ラーニングの視点からみた授業改善8実践」

③ 単元の指導計画（8時間）

■まず先生が物語の魅力を紹介します。登場人物が多いので、「人物相関図」を使います。感じたことや気付いたことを交流しましょう。（1時間）

先生のおすすめの物語、面白そう！読んでみたくなったよ。
先生は人物相関図を使って人物の関係に注目してプレゼンしていたね。

僕も、大好きな作品の魅力を人物相関図を使って先生のようにプレゼンしてみたい。

■一人一人、好きな作品を選んでプレゼンテーションしよう。その前に、魅力の見つけ方やプレゼンテーションの仕方を身に付けるために、共通の作品「海の命」をもとにして学習しよう。（1時間）

アクティブ・ラーニングを考える本時の問題

■第3場面を人物相関図に表しながら読もう。人物相関図の関係（矢印）の中で、作品の魅力を伝えるために最も重要な関係を1つだけ選ぶとしたらどれだろう。
（3時間…1時間につき1場面）

1つだけ選ぶとしたら、「太一→クエ」の矢印かな。なぜなら「この魚をとらなければ、本当の一人前の漁師にはなれないのだと、太一は泣きそうになりながら思う。」という叙述から、太一のクエに対する気持ちが変化していることが分かる。ここに太一の成長している様子が表れていると思う。

■これまでの学習を生かして、「海の命」の作品の魅力についてまとめよう。（1時間）

私は太一をはじめとする登場人物の「命」に対する考え方に魅力を感じました。

僕は太一が様々な人物とかかわっていくうちに考え方が変わり、漁師として成長していく姿に魅力を感じました。

■「海の命」で学んだことを生かして、自分が選んだ作品の魅力をまとめ、友達にプレゼンしよう。（2時間）

私が選んだ作品は「◆◆◆」です。この作品の主人公は●●という人物です。人物相関図をもとに説明します…

第3部 「アクティブ・ラーニングの視点からみた授業改善8実践」

④ 本時の流れとアクティブ・ラーニングの姿

活用の時間　1時間目

課題と本時の流れをつかむ
子供とともにつくった学習計画を見直し、本時は「海の命」の登場人物の関係をもとに、そこから感じた魅力について考えをまとめることで、魅力の見つけ方や考えのまとめ方を習得する時間であることをつかむ。また「自分で考えをまとめる→交流し考えを深める→改めて考え直す」という学習の流れをつかむ。

考えをまとめる
第3場面の人物相互の関係を人物相関図に表した後、作品の魅力を伝えるために重要と考える矢印を1つ選択し、その矢印を選んだ理由をノートに書く。

交流し、考えを深める
なぜ選んだ矢印が作品の魅力につながるのか、その理由について自分の考えと友達の考えとの共通点や差異点を明らかにしながら話し合う。

改めて考え直す
本時の交流によって変化した考えや深まった考えをノートに書く。

私は太一と与吉じいさの関係（矢印）を選んでいたけれど、「父の仇をうちたい、というクエへの強い気持ちがあったからこそ太一は突き動かされていたし、そのお蔭で成長することができた」という○○さんの理由を聞いてなるほどと思った。「太一の成長」という点では、私が選んだ理由と同じだと思った。つまり、太一を成長させたのは直接的には与吉じいさだけれど、クエも太一の成長にかかわる重要な人物であることが分かった。

納得した考えについて要約したり、自分の考えと比べてどのような点が似ていたり違っていたりしていたのかを書くとよいです。

■アクティブ・ラーニングにするための教師の支援

■ 課題と本時の流れをつかむ場面

単元の学習計画は単元のはじめに子供とともにつくり、それを教室の壁に掲示しておくようにする。そして毎時間その学習計画を見直すことで、単元の目標と本時の位置付けを子供自身が認識し見通しをもって取り組めるようにする。

■ 考えをまとめる場面

矢印を使って各場面における相互関係を人物相関図に表した後「最も作品の魅力につながると考える矢印を１つ選ぶとすればどれか？」と発問をする。どの相互関係も魅力につながるが、その中から「１つ」を選ぶとなると、子供は様々な相互関係を比較しながら考え始める。比較をした上で選ぶので自分の考えにこだわりをもち、こだわった自分の考えを他の人にも分かってもらおうと理由を明確にする。「太一は与吉じいさから『海の命』の本当の意味を教わったからこそ、最後にクエを殺さない決断をしたと思う。太一の考え方が成長したところにこの作品の魅力があると思う。だから私は太一と与吉じいさの関係を選ぶ。」などと、自分が選んだ理由を作品の魅力と結び付けながら明らかにすることで、単元の目標である「優れた叙述について自分の考えをまとめる」に迫りやすくなるようにする。

また、子供は「友達はどの矢印を選んだのだろう？」と友達の選択も知りたくなり、交流の必然性も生まれる。

▶「考えをまとめる」工夫はP84へ

■ 交流し、考えを深める場面

友達と考えを交流させ、互いになぜそのように考えたのかを質問したり、意見を言い合ったりさせることで自分の読みをとらえ直し、変化させたり強めたりしていくことができるようにする。

▶「交流し、考えを深める」工夫はP85へ

■ 改めて考え直す場面

「交流を通して自分の考えが一番変わったり深まったりしたことは何か」に注目して振り返らせ、自分の考えの広がりや深まりを実感させる。

PICK UP 「考えをまとめる場面」の工夫
（3〜5／8時間目）

複数の相互関係の中から1つの関係を選ばせ、考えを焦点化します。また結論・理由・根拠となる叙述を結び付ける考えのまとめ方を常に意識させ、論理的な考えを身に付けるようにします。

●授業を変える視点

1 自分の考えにこだわりをもつために、自分の考えを選択させる

　ある場面の人物相互の関係を相関図に表した後、作品の魅力を相手に伝えるために最も重要な矢印を敢えて1つ選択させる。複数の中から悩み、選択する過程で自分の考えにこだわりが生まれる。自分がこだわって出した結論とその理由を子供は自ら伝えたい、分かってほしい、どのようにしたら分かってくれるかという問題意識が生まれる。

2 論理的な考え方を身に付けるために、「結論→理由→根拠」の順に書く

　こだわって出した結論を他者にも理解してもらうためには論理的に説明しなくてはならない。そのため、次の順で書くことを意識させる。

> **選択した結論**
> 　私は太一と与吉じいさの関係が作品の魅力に最もつながると考える。
> ↓
> **そのように考えた理由**
> 　なぜなら、太一は与吉じいさのもとで修業をしていたからこそ、「海の命」に対する考え方が変わり、命の大切さを本当に実感することができるようになったから。
> ↓
> **どの叙述から考えたのかという根拠**
> 　「…太一は泣きそうになりながら思う。」という一文

　どの単元でも、結論、理由、根拠をはっきり分けてとらえさせたり、説明の仕方を学んだりすることで論理的な考え方が身に付き、いつでも使える「とらえ方・考え方」となるようにしたい。

第3部 「アクティブ・ラーニングの視点からみた授業改善8実践」

PICK UP 「交流し、考えを深める場面」の工夫
(3〜5／8時間目)

交流によって効果的に考えを深めることができるように、2回の交流をします。また、その目的と意義を子供と確かめることで、主体的に取り組むことができるようにします。

●授業を変える視点

1 自分の考えを「整理する」ために、似た考えの友達と交流する

自分の結論が出た後、まずは考えが似ている者同士で交流する。このことで考えを整理するだけでなく、自分の考えに自信をもつことができるようになる。そして、教師は子供の考えを共有させる。この時、子供同士で共通点や差異点を明確にする。そして、自ら似た（同じ）考えの友達のところへ行き、考えを交流することができるようにする。似た（同じ）結論を出していてもその理由やもとにした叙述は異なることがある。互いに自分の考えを十分に説明し合う中で、相手の考えの中から納得したものを自分の考えに生かすなどして、より考えが深められるようにする。

2 自分の考えを「より深めたり広げたりする」ために、異なる考えの友達と交流する

異なる選択をした友達の考えを知ることで、自分が考えていた視点からだけでなく、別の視点からも考えられるようにする。そうすることで、作品の解釈がより豊かなものになる。

また、「今から交流するのは何のため？」「今回交流してよかったことは？」と子供に聞き、こうした交流の目的と意義を子供自身にも

意識させることで、多面的な視点で考えることのよさを実感することができるようにする。

〈出典〉「海の命」立松和平 光村図書『国語』平成27年度6年

実践 05

第3部 「アクティブ・ラーニングの視点からみた授業改善8実践」

「学校案内マップ」を書こう

6年 国語 特別活動

自分自身をメタ認知する

考えをまとめ整理させることで、自分の学びの行動や考えを振り返ることができるようになる

① 資質・能力育成を含めた単元の目標

　6年生の「縦割り活動（異学年交流）で仲良くなった1年生に、学校の良いところを伝えたい」という思いから、書く目的と読む相手を明確にし、相手となる1年生の知りたいことをとらえ、相手に応じた文章を考えたり、文章に合う写真を用いたりしながら「学校案内マップ」を書くことができる。マップを渡した後に、1年生から感想をもらうことで、自分の書いたものを振り返り、他の書くことの単元につなげることができる。

　また、たくさんある伝えたい情報のうち、どれを選択するのかについて合意するにあたって、1年生とのかかわりから根拠をもって判断することができる。

② 本単元におけるアクティブ・ラーニングの評価

（1）問題意識

　1年生に学校の良いところをもっと知って欲しいという6年生の子供の思いから、「1年生に学校の良いところをもっと知ってもらうために、『学校案内マップ』を書こう」という目的と相手を明確にした学習課題を設定することができる。

（2）メタ認知

　マップを渡す1年生の好きなことや興味のあることなどを、本人や1年生の担任から取材し、ワークシートにまとめることで相手像を明確にとらえることができる。また、相手に応じて「学校案内マップ」に書く場所を決め、相手の目線に立ってその場所を取材することで、学校に対して新たな発見をしたり思いを深めたりすることができる。学習の終わりには相手の1年生から感想をもらい、自分の書き方や、書くことの有効性や活用性を振り返り、他の書くことの単元に生かすことができる。

（3）とらえ方・考え方

　取材した1年生の好きなことや興味のあること、1年生の担任から聞いた相手の様子などを、同じ内容で分類したり整理したりする力、書く目的、取材からとらえた相手像、自分が伝えたいことといった異なる内容を関連付ける力を身に付けることによって、相手に応じて書く内容を決めることができる。

③ 単元の指導計画（10時間＋特別活動）

■ 1年生と交流して関係を深める。この時「学校案内マップ」を作成することを見通して、縦割り活動の中で1年生の好きなことや興味のあることをよく知る、という交流の観点を学級で共有する。（特別活動）

■ 6年生の子供の「1年生に学校の良いところをもっと知って欲しい」という目的を具体化するために「1年生に学校の良いところをもっと知ってもらうために、『学校案内マップ』を書こう」という学習課題を子供とともに決める。（1時間）

■ マップを渡す1年生や、1年生の担任に取材するだけでなく、これまでかかわってきた自分の経験を想起し、相手に関する情報を付箋に書いてまとめる。（1時間）

アクティブ・ラーニングを考える本時の問題

■ 取材して集めた付箋を分類・整理して1年生の知りたいことをとらえる。取材したことをワークシートにまとめて、マップを渡す相手像をとらえ、どの場所について何を伝えるか決める。（2時間）

Aさんは、図工や体育が好きなんだな。1年生の担任の先生は、ひらがなはまだ習っているところだけど、Aさんは説明してくれれば分かると思うと言ってくれた。

Bくんは、体を動かすことが好きだから、それにかかわる場所を中心に書いてあげよう。クラスでも学校探検をしていて、大体どこに何があるかは知っていると言っていたから、そこでできることとか、何を勉強するかを書いてあげたい。

■ 前時のとらえた相手像をもとに、マップを渡す1年生の目線に立って「学校案内マップ」に書く場所へ行き、実際に取材する。（1時間）

■ これまでの学習を生かして「学校案内マップ」を書く。（2時間）

■ グループで交流して推敲し、「学校案内マップ」を仕上げる。（1時間）

■ 1年生に「学校案内マップ」をプレゼントし、一緒に学校探検をしながら説明する。（特別活動）

■ 1年生からの感想を聞く時間を設けたり、手紙をもらったりして、自分の書いたものに対する振り返りや評価を行い、次の書くことの単元に生かせるようにする。（2時間）

Cさんに「学校案内マップ」について聞いてみたら、「分かりやすかった。特に体育館のことがよく分かった」と言ってくれた。もらったお礼の手紙には、家の人にも見せてくれたことが書いてあった。書くとずっと残るし、他の人にも見てもらえるから良いな。

第3部 「アクティブ・ラーニングの視点からみた授業改善8実践」

④ 本時の流れとアクティブ・ラーニングの姿

前時

取材
マップを渡す1年生や、1年生の担任に取材を行い、相手の1年生の好きなことや興味のあることなどを付箋に書いて集める。

活用の時間 1時間目

本時の課題をつかむ❶
取材して集めた付箋を分類・整理して、相手の1年生の知りたいことや様子をとらえる。

相手像をとらえる
・教師のモデルを使ってマップを渡す1年生や、1年生の担任から聞いた情報などを分類・整理する方法を全体で確認する。
・分類した付箋の内容を見て、グループごとに項目をつけて整理する。
・整理した内容を概観して、取材からとらえた相手像をまとめる。

活用の時間 2時間目

本時の課題をつかむ❷
「学校案内マップ」を書く目的、取材からとらえた1年生のこと、自分が伝えたいことを関連付けて、「学校案内マップ」に何を書くか決める。

書く内容を決める
・分類・整理したことから、自分が相手に伝えたいと思うことを決める。
・ワークシートを活用しながら、目的、前時にまとめた相手像、自分が伝えたいことを関連付けて、「学校案内マップ」にどの場所について書くかを決める。

改めて取材を行う
・マップを渡す1年生の目線に立って、マップに書く場所について取材する計画を立てる。

最初はDくんに体育館や校庭を伝えようと思っていたけど、取材の結果、本を読むことが好きだったり、教室をあまり出なかったりという様子が分かったよ。だから図書室や高学年の棟のことを教えてあげることにしよう。

88

■アクティブ・ラーニングにするための教師の支援

前時の取材の場面

取材した相手に関する情報は付箋に書いて収集するように伝える。その際、枚数を制限せずにできるだけ多くの情報を収集することを促したい。それによって、子供自身が取材の量を視覚的にとらえ、相手への思いや、書く意欲を高められるようにする。

本時の課題をつかむ場面

本単元は、子供とともに決めた学習の目標「１年生に学校の良いところをもっと知ってもらうために、『学校案内マップ』を書こう」に沿って進められている。しかし、前時までに収集した情報は分散しているため、明確に相手像をとらえられたとは言えない。そのことに子供自身が気付けるようにしたい。そこで、１時間目に決めた学習の目標に立ち返り、子供が相手を明確にして書く必要性を実感した上で、課題意識を高めることを促したい。

相手像をとらえる場面

６年生の子供の「マップを渡す１年生のことを明確にとらえたい」という思いに沿って集められた付箋を、①相手の好きなこと・得意なこと、②勉強のこと、③学校について知っていることなどの項目に沿って分類・整理する。分類したり整理したりする方法は、教師が作成したモデルを用いて学級全体で確認する。その学習によって、分散した情報を分類・整理すると、相手を明確にとらえることができるという理解を促したい。そこから、子供のとらえ方・考え方を深められるようにする。

▶「相手像をとらえる」の工夫はP90へ

第3部 「アクティブ・ラーニングの視点からみた授業改善8実践」

PICK UP

「相手像をとらえる場面」の工夫
（3／10時間目）

取材したことを付箋に書いてまとめます。付箋は、1つの内容を1つの付箋に書くようにします。色分けをすると、可視化されて分かりやすくなります。
また、方法の良さを子供が理解できるよう促し、問題のために自ら選択できることが大切です。

●授業を変える視点

1 相手のことを多面的に見るために書いた付箋を分類・整理する

右の図のように、子供によって前時までにたくさんの情報が収集され、付箋に書いてまとめられている。その中で、共通する内容の付箋を1つにまとめていく作業を行う。まとめた後は、それぞれのまとまりに項目をつけて分類する。

この作業を行うことによって、子供自身が取材した内容をメタ認知することができる。また、この段階で足りない情報があれば、再取材をすることも可能となる。

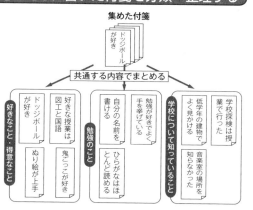

2 相手像をとらえるために分類した付箋から分かることをまとめる

分類・整理した付箋を概観し、取材からとらえた相手像をまとめる。本単元では、マップを渡す相手が決まっているため、相手を明確にとらえておくことが重要である。この学習を行うことで、次時「学校案内マップ」に書く場所を決める際に、目的と取材からとらえた相手像、自分が伝えたいことを関連付けやすくなる。

また、このように目的に合わせた方法を使って問題を解決する経験を重ねることで、他の学習において子供自らが問題を解決する方法を選択できるようになることを目指したい。

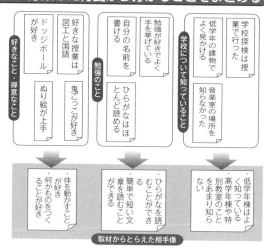

第3部 「アクティブ・ラーニングの視点からみた授業改善8実践」

PICK UP 「書く内容を決める場面」の工夫
（4／10時間目）

「学校案内マップ」にどの場所の何を書くかを決めるためのポイントは、「1年生にもっと学校のことを知って欲しい」という目的と、取材からとらえた相手像、自分の伝えたいことの3つです。それらを関連付けて考えることができるように、ワークシートなどを利用します。

●授業を変える視点

1 自分の考えを明確にして振り返るために、まず書き出してみる

　本単元は、縦割り活動でかかわってきた1年生という特定の相手に向けて書く。これまでのかかわりがあるため、書き手である6年生の子供一人一人にも相手へ伝えたいことや思いがあるだろう。
　そこで、6年生の子供が伝えたいことを書き出し、「学校案内マップ」に反映できるようにまとめておく。
　この活動によって、自分が相手に何を伝えたいかという、自分の考えをメタ認知することにもつながる。

2 「学校案内マップ」に書くことを決めるために、目的・相手・伝えたいことを関連付けて考える

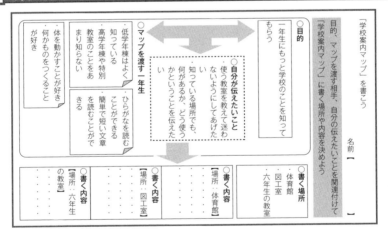

　①「1年生にもっと学校のことを知って欲しい」という目的
　②前時にまとめた取材からとらえた相手像
　③自分の伝えたいこと
の3つを関連付けることで「学校案内マップ」に書く場所や内容を決める。
　上の例では、「1年生に学校のことをもっと知ってもらう」という目的、「体を動かすことが好き、簡単で短い文章は読むことができる」などという1年生の様子、「校内で迷わないようにしてあげたい」などという書き手である子供の伝えたいことを関連付けることによって、「体育館、図工室、6年生の教室」を伝えたい場所と設定している。取材した内容を関連付けることで、根拠をもって書く場所を決めることが重要である。
　また、書く内容はマップを渡す1年生の目線に立って書く場所を改めて取材し、その上で決めるようにする。

実践 06

第3部「アクティブ・ラーニングの視点からみた授業改善8実践」

他校の友達と交流しよう

4年 総合 様々な意見から判断し合意形成させる工夫

話し合いのポイントや手続きを明確にさせることで、
より良い交流のあり方を考えるようになる

① 資質・能力育成を含めた単元の目標

　この実践では、他校の子供と交流する機会が毎年第4学年に設定されている場合について紹介する。実際に行うまでの過程について見通しをもち、計画を立てて行動することを通して、自分の思いを表現し、様々な人と進んでかかわることができる。

　また、この交流で行われるレクリエーションを企画する際に、グループでの話し合いで互いの意見を聞きながら他者とかかわり、違う意見が出てきた時に合意形成をする活動を通して、協力して問題を多面的にとらえ、他者と良好なコミュニケーションをしながら問題を解決することができる。

② 本単元におけるアクティブ・ラーニングの評価

（1）問題意識

　他校の子供と交流するレクリエーションを企画する際に、知っているレクリエーションにどのような工夫を加えれば、自分たちと他校の子供がたくさん話をしたり、お互いのことを知ったりしながら楽しめるかという点について問題意識を共有することができる。

（2）メタ認知

　レクリエーションを企画する際の話し合いの場面について自分自身を振り返り、話し合いの目的に照らし合わせて、自分の意見がレクリエーションの工夫につながっていたかという点や、友達の意見に対して理由を聞いて比べながらどちらかを選んだり、新しい意見を出したりすることができたかという点について確認できる。

（3）合意形成能力

　レクリエーションを企画する際、自分が考えたレクリエーションへの工夫と友達が考えたレクリエーションの工夫を比較して共通点や差異点を明確にしたり、どうしてそう考えたのかという理由を聞いたりしながら、活動の内容について、メンバーが納得できる妥協点を見つけ、意見を整理することができる。

③ 単元の指導計画（前時2時間＋8時間）

■みんなで話し合って1つのことを決めるためには、どんなことに気を付ければ良いのだろうか。（習得の2時間）

何のために話し合っているのかをいつも気を付けます。
話し合いの目的をグループのみんなが分かっていますか？

違う意見が出てきたら、それぞれの意見の同じところを見つけたり、理由をよく聞いたりして、意見を合わせて新しい意見をつくることが大切です。

アクティブ・ラーニングを考える本時の問題

■より楽しくかかわり合えるようなレクリエーションにするためには、どのような工夫をすればよいのだろうか。（2時間）

じゃんけん列車をするのだけれど、どんな工夫をすれば、もっと相手のことを分かることができるだろうか？

じゃんけん列車のじゃんけんの前に、自分の名前を言ってからするようにルールを変えると良いのかな。

自分の名前だけじゃなくて、好きな食べ物などを伝え合っても良いかもしれない。

■他校の子供とかかわるレクリエーションの準備をしよう。レクリエーションの司会進行係や、各レクリエーションの順番を決める。（2時間）

■他校の子供と実際にレクリエーションでかかわってみよう。（4時間）

これから、じゃんけん列車をします。少しだけルールを変えます。じゃんけんをする前に必ず、握手をして、自分の名前と好きな食べ物を言ってからじゃんけんをしてください。それでは始めます。

④ 本時の流れとアクティブ・ラーニングの姿

活用の時間　1時間目

前時の確認
前時の学習で、グループで話し合って、物事を決める時に気を付けることについて、確認をする。

問題の設定
他校の子供とより楽しくかかわり合えるようなレクリエーションにするためには、どのような工夫をすればよいのだろうか。

話し合いの前
●話し合いのゴールの確認
みんなが知っている遊びに工夫を加えて、より深くかかわり合えるようなレクリエーションを考える。
●違う考えや対立する考えが出てきた時
自分がなぜそのような考えを出したのかの理由をはっきりさせる。
※お互いの考えを比べて、キーワードを探したり、同じところを見つけたりして、2つの考えを合わせて、新しい考えを出させる。

話し合い
問題について話し合う。

活用の時間　2時間目

話し合いを修正するための振り返り
振り返りを通して、前時の内容を確認し、修正を加えて、話し合いの続きを行う。

前の時間に、話し合いで、違う意見が出た時、どんなことに気を付けましたか？

2人の意見を合わせて、新しい意見をつくったり、理由を聞いて選んだりしました。

話し合いの途中で振り返りを行い、ゴールが共有できているか、そして、違う意見が出た時に、前時のことを活用できているかの2点に絞って振り返る。

修正を踏まえた話し合い
前時の学習内容について振り返り、話し合いの仕方を修正して問題について再び話し合う。

話し合い全体を通した振り返り
話し合いの途中で意見の対立があった時に自分たちがどう対応し、その結果、どうなったかについて、振り返る。

第3部 「アクティブ・ラーニングの視点からみた授業改善8実践」

■アクティブ・ラーニングにするための教師の支援

▌前時の確認の場面

　いきなりテーマを投げかけて話し合わせても、子供たちはこれまで通りの話し合いしかしない。そこで、話し合いの時に気を付けることについて、特に意見が分かれた時にどうするかに注目させ、理由を聞きながら取捨選択することや、違う意見を組み合わせて新しい意見にするという考える方法を習得できるような指導をする。

▶「前時の確認」の工夫はP96へ

▌問題の設定の場面

　レクリエーションの企画を子供に全て任せるのではなく、限られた時間内で結論を導き出せるようにするために、論点を絞らせて、子供が問題意識を焦点化することで、論点を明確にした話し合いが可能となる。本時では、話し合いをする前に他校の子供も自分たちも知っているレクリエーションを取り扱い、お互いにより深くかかわれるようになるための工夫を考えさせるように全体で確認をする。

▌話し合いの前の場面

　話し合いをするにあたり、ゴールはレクリエーションを決定することであるという点を全体で確認する。また、話し合いでは、違う意見や対立する意見が挙がるので、「もし違う考えが出てきたら、どうするか？」と問い、子供たちに前時で学習した留意点を意識させる。

▌話し合いの場面

　教師が机間指導をする際には、意見が対立している場面がないかといった視点で子供の話し合いを聞き取ることが大切である。もし対立している場面を見つけ、話し合いが止まってしまいそうだと判断した場合は、「どうしてそう考えたのかを伝えあってごらん」、「2つの考えを合わせることはできないかな」といった声かけをする。また、対立している場面を、事前に学習した話し合いの方法で乗り切れたグループには、どこがよかったのかを伝えるようにする。

▌振り返りの場面

　話し合いの場面において、自分の言動がゴールにつながっていったのか、また、違う意見や対立する意見が出てきた時に、事前に想定したように行動できたかについて、自分自身を振り返らせる。話し合いの途中で一度振り返りをさせることで、自分の行動を振り返りながら話し合いをさせることができる。

▶「振り返り」の工夫はP97へ

PICK UP

「前時の確認の場面」の工夫
（1/8時間目）

話し合いがスムーズに進むために、詩の題を考えさせ、その題を1つに絞る話し合い活動を設定し、その活動を通して話し合いの方法の習得を目指します。

●授業を変える視点

1 話し合いの方法を習得するために、学ぶ機会を確保する

本単元では、レクリエーションのアイディアを出し合い、話し合いを通して1つの結論を導く。その前に、話し合いの方法の獲得を目指す。獲得を目指す方法は、「ゴールを共有すること」と、「違う考えや対立する考えが出た時にそれらの意見を組み合わせて、新しい意見をつくったり、その理由を聞いて、どちらかを選択したりすること」である。そのために、次の活動を行った。

①グループになり、一人一人が、右の詩の題を考える。
※本番の話し合いと同じメンバーで構成する。
②話し合いを通して、題を1つに決める。
※ただし、多数決で決めないというルールにする。
③話し合ったことについて、振り返りを行う。

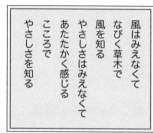

風はみえなくて
なびく草木で
風を知る
やさしさはみえなくて
あたたかく感じる
こころで
やさしさを知る

出典：日本学校GWT研究会編著『学校グループワーク・トレーニング3 友だちっていいな』遊戯社

2 話し合いの方法の習得のために、視点を明確にした振り返りを行う

振り返りの際には、全体で違う意見が出た場合にどうすればよいかに注目させる。

ここでの子供の意見を、前時の確認として、レクリエーションを決める話し合いの前に想起させる。

第3部 「アクティブ・ラーニングの視点からみた授業改善8実践」

PICK UP

「振り返りの場面」の工夫

(2／8時間目)

振り返りは、話し合いの途中で一度入れると良いでしょう。こうすることで、既習の話し合いの方法について想起し、修正を加えた上で、次の話し合いにつなげることができます。

●授業を変える視点

1 次へつなげるために、話し合いの途中で振り返りを入れる

話し合いの途中で振り返りを入れる。こうすることで、自分たちの話し合いの仕方について修正を加えた話し合いが可能となる。途中の振り返りについては、自由記述をさせるようなことはせず、簡単なワークシートで振り返る。また、教師からも、前時に獲得した話し合いの方法について確認を行う。

①ワークシートの例

> 例1：話し合いで同じゴールを目指していますか？
> 　　　とてもそう思う　　そう思う　　あまりそう思わない　　ぜんぜん思わない
> 例2：自分の考えとちがう考えや対立する考えが出てきても、同じところやキーワードを探して、まとめようとすることができていますか？
> 　　　とてもそう思う　　そう思う　　あまりそう思わない　　ぜんぜん思わない

②教師の質問の例

前の時間に、話し合いで違う意見が出た時、どんなことに気を付けましたか？

2人の意見を組み合わせて、新しい意見をつくったり、理由を聞いてから選んだりしました。

2 自分の考えを出しやすくするために、最後の振り返りは自由記述も入れる

自分の考えと違う考えや対立する考えが出てきても、それらの同じところや違うところを探し、1つの考えに絞っていく過程に着目させ、自由記述も交えながら振り返られるようにすることで、話し合いの質を意識しながら、自分の行動を振り返ることができる。下の記述は、「たくさんの考えを1つにするための話し合いの進め方で大切なことは何ですか」という問いに対する子供の記述である。この子供は話し合いを通して合意形成をするために、他者の意見の良いところを見つけようとしていることが分かる。

> まず、1つは相手の言った事のいい所を見つける。理由は相手のす、た事のいい所を見つければ自分の考えもいいけど、相手の考えもなるほどとな、ていくから。
> 次は、「同じ所を見つける」「キーワードをさがす」です。相手と同じ所を見つければ、自分のもいいと思うし、決だんしやすくなる。

実践 07

第3部 「アクティブ・ラーニングの視点からみた授業改善8実践」

電気の利用

6年 理科 批判的な思考を促す工夫

自他の考えの差異点を明確にすることで、根拠をもって判断することができる

① 資質・能力育成を含めた単元の目標

　生活に見られる電気の利用について興味・関心をもって追究する活動を通して、電気の性質やはたらきについて推論する能力を育てるとともに、それらについての理解を図り、電気はつくったり蓄えたり変換したりできるという見方や考え方をもつことができるようにする。
　また、「予想する場面」において、友達の予想との違いから実験を見通したり、「結果の整理から考察する場面」において、友達の考察との違いから次時へつなげたりするなど、比較することを通して共通点や差異点を明確にすることができる。

② 本単元におけるアクティブ・ラーニングの評価

（1）知識・技能
　電球の点灯時間や明るさの違いを電流の大きさと関係付けて考察するなど、予想や考察の場面において、これまでに学習してきたことをもとに、電流の大きさ、向き、電球の明るさ、電熱線の熱などを発電、電気の変換、蓄電、発熱などと関係付けながら電気の利用についての自分の考えを構成し、図や言葉を使って明確に表現することができる。

（2）問題意識
　電気の利用についての他者の表現に着目し、考えを的確に読み取り、自分の考えとの差異点を見つけ出し、実験や観察によって探究したい発電、電気の変換、蓄電、発熱についての問いをもつことができる。

（3）メタ認知
　見いだした問題点をどのようにして解決するのか、実験や観察を通した解決の見通しをもつことができる。また、自分や他者の考え通りならば、結果がどのようになるのかについて具体的な見通しをもつことができる。

（4）批判的思考
　実験や観察の結果から、どのようなことがいえるのか、また、どのような予想と同じだったのか確認し、発電、電気の変換、蓄電、発熱についての自他の考えを更新または、修正することができる。

③ 単元の指導計画（9時間）

■電気を自分たちの力でつくることができるのだろうか（発電）。（1時間）

モーターを豆電球につないで、モーターを回転させると、豆電球に明かりをつけることができる。

■モーターを回してできた電気は測定できるのだろうか（電流の測定）。（1時間）

モーター、豆電球、電流計をつないで回路をつくり、モーターを回すと電流計の針が動いた。早く動かすほど、大きな電流を流すことができる。

■発電した電気でいろいろなものを動かすことができるのか（電気の変換）。（1時間）

手回し発電機を、豆電球、LED、モーター、電子オルゴールなどにつないで回路をつくると、それぞれに電気が流れ使用することができる。

■発電した電気をためて、使うことができるのだろうか（蓄電）。（1時間）

コンデンサーに手回し発電機をつないで電気を蓄えておくと、充電池のように発電した電気を蓄えることができる。

> ### アクティブ・ラーニングを考える本時の問題
>
> **■電気を蓄えたコンデンサーにLEDや豆電球をつなげると、どちらが長く光るのだろうか。**
>
> （電気の有効利用）（2時間）

■電気を発熱に使ってみよう（電気の有効利用）。（2時間）

電池の数をそろえて実験すると、細い電熱線よりも太い電熱線の方が、温度が高くなる。

■電気の利用についてまとめてみよう（振り返り）。（1時間）

私達がいろいろなものに使っている電気は、発電したり、蓄電したりすることができる。また、使用するものによって使われ方が違っている。電気は使い方によって有効に利用することができる。

④ 本時の流れとアクティブ・ラーニングの姿

活用の時間　1時間目

問題の設定
蓄えた電気を無駄なく使うために、使い方に工夫が必要だという意見が出された。豆電球とLEDでは同じ明かりでも使われ方が違いそうだ。調べてみたい。　←

問題
電気を蓄えたコンデンサーにLEDや豆電球をつなげると、どちらが長く光るのだろうか？

予想
これまでの学習をもとに、豆電球とLEDの電気の使われ方について、自分の考えを図や絵、言葉で表現する。その後、表現をもとに学級での話し合いを通して、実験の視点を明確にする。　←

活用の時間　2時間目

実験
手回し発電機を使い、コンデンサーに電気を蓄え、LEDと豆電球の点灯時間の違いを調べる。

結果
豆電球とLEDの点灯時間をそれぞれ表に整理し、比較しながら、どちらがどのくらい長く点灯したのか結果を整理する。　←

考察
実験の結果と予想とを比べながら、豆電球とLEDの電気の使われ方の違いについて図や絵、言葉を用いて自分の考えを表現する。それぞれの表現をもとに、学級での話し合いを通して結論を導き出す。　←

結論
豆電球とLEDでは電気の使われ方に違いがあり、LEDの方が豆電球より蓄えた電気を使って長い時間点灯させることができる。

LEDは豆電球よりも電気を少しずつ使っていると思うから、次は電気がどのくらい流れているのか電流計を使って調べてみたい。

第3部 「アクティブ・ラーニングの視点からみた授業改善8実践」

■アクティブ・ラーニングにするための教師の支援

問題を設定する場面

　これまでの学習での手がかりをもとに、子供が問題を見いだせるようにしておく。この場合、手回し発電機を使った時の手応えの違いから問題を見いだす際や予想の根拠を考える際にもつながるため、教室掲示や話題提起、ノートへの朱書きなど、前時までに学んだことを想起できるような支援を行うようにする。

予想する場面

　図や絵で表現するなど、自分の考えをできるだけ具体的に記述するよう助言を行う。予想の根拠や理由を表現することで、自分の考えを明確にすることができる。批判的な思考を行う際には、自分の考え、立場を明らかにすることが重要になる。
　また、他者の予想を理解し、自分の考えとの違いを明確にできるようにする。教師は子供たちの表現を十分に汲み取り、例えば、子供たちの考えの違いが明確に理解できるよう、黒板の左右に対称的に予想を配置するなど構造的な板書を心がける。

▶「予想」の工夫はP102へ

結果を整理する場面

　予想での学級での話し合いなどを通して明確になった、学級内の考えの相違点、差異点が実験によって明らかになったのかどうか、結果を整理しながら考えられるようにする。その際、支援の方法として予想で自他の考えの違いから、違いの有無だけでなく、どのくらいの違いがあるのかといった程度にまで深まった視点をもとに、数値に着目できるよう比較しやすい表を準備したり、平均を求めたりするなどの方法を提示することも考えられる。

▶「結果」の工夫はP103へ

考察する場面

　実験前の考えと結果を比較した際、予想とは違っていたところや、意外だったところはどこかを明確にしながら考察するよう助言する。また、実験後に感じた子供それぞれの疑問点を挙げながら、この実験では明らかにならなかったこと、さらに調べてみたいことについても考えられるよう声がけをする。

▶「考察」の工夫はP103へ

PICK UP 「予想する場面」の工夫

(5/9時間目)

予想では自他の考えを明確にし、差異点をもとに実験を行う際の視点を明確にしていきます。批判的な思考を行うことで、実験で確かめるべきことがはっきりします。

●授業を変える視点

1 自他の考えを明確にするために、予想を図や絵で表現する

手回し発電機とつなげて明かりをつけた時の手応えは、LEDの方が軽かったから、LEDが長く光ると思います。

LEDも豆電球も光る時間は同じくらいだと思います。理由は、蓄える時に発電機を回した数は同じだからです。

　子供たちは、イメージ図や言葉で予想を表現した。手応えの軽いLEDが長く光るという予想と、コンデンサーに蓄えた電気は同じなので点灯している時間も同じだという予想に分かれる。図を用いることで、言葉では分からなかった導線を通る電気の量の違いが明らかになる。

2 実験の見通しをもつために、予想の違いを明らかにする

　「LEDが長く光る」「同じくらいだと思う」という2つに分かれた予想から、どのくらいの違いが出ると予想が検証されたことになるのかを双方に聞く意見が子供から出された。違いの有無から、その差について思考を促す発言である。

　予想の違いを明確にするために、数値や量に置き換えて考えるなどの思考を取り入れることも重要なポイントである。違うか同じかという考え方から、どのくらいの違いかという新たな視点が加わり、実験の視点はより明確になる。

もし違いがあるならどのくらい違うのだろう？10倍くらいかな？

第3部 「アクティブ・ラーニングの視点からみた授業改善8実践」

「結果の整理から考察する場面」の工夫
(6／9時間目)

予想時に出された批判的な考えが、実験の視点をより明確にしました。その視点をもとにした結果の整理、そして考察では自他の考えの更新、更なる問題の発見が期待できます。

●授業を変える視点

1 結果の違いを分かりやすくするために、結果を比べて整理する

(秒)	1回目	2回目	3回目	4回目	平均
LED	129.0	136.5	125.7	239.1	157.6
豆電球	19.2	14.1	16.2	19.4	17.2

LEDのちが9.2倍長くついた。

子供たちは、実験結果が出た後に計算機を手にLEDと豆電球の点灯時間の違いが、何倍になるのかについて計算した。計算をすることで、違いが明確になるということを感じている子供が多くなる。

2 次時の問題への意識を高めるために、友達との考察の違いをもとに実験で明らかになったこと、なっていないことを考える

すごくはやく使っちゃう!!　ゆっくりじわじわ使ってく!!

豆電球は電球を光らすためにたくさん電気を使わなきゃいけない。

LEDは少しの電気の力だけで光ることができる。

電気を消耗する早さの違いで結果について説明している。

導線を流れる電流の大きさの違いで結果について説明している。

考察では、豆電球とLEDとで電気の使われ方が大きく違うことについて実験の結果をもとに考えを更新する姿がみられた。LEDが長持ちするという結果は分かったけれど、コンデンサーに蓄えた電気がどのように使われて無くなるのかについては、明らかになっていない。それには、LED、豆電球それぞれをつないだ時に導線を流れる電流を測ろうという意見が出され、次時に向けて問題の意識が高まっていった。

実践 08

第3部「アクティブ・ラーニングの視点からみた授業改善8実践」

整数の性質

5年 算数

深い学びにつなげるための工夫

前の学習とのつながりを意識させることで、
とらえ方や考え方が使えるようになる

① 資質・能力育成を含めた単元の目標

偶数、奇数及び倍数、約数などについて知り、整数の性質についての理解を深めるとともに、整数の見方や数についての感覚を豊かにする。整数を類別する条件を変えるとどのような整数の集まりになるのかを追究する。

また、友達同士で持ち寄った、様々なグループで分けた場合での数を比較することを通して「□つのグループに整数を順番に振り分けるときは□で割った余りで類別できる。」などの「とらえ方・考え方」が使えるようになる。

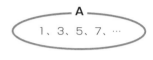

2つのグループに整数を順番に振り分ける。

② 本単元におけるアクティブ・ラーニングの評価

（1）問題意識

「AとB、2つのグループに1から整数を交互に振り分けた時、片方は2で割り切れて片方は2で割り切れない整数の集まりになる。」という前時のまとめから、3つのグループや交互ではない振り分け方だったらどうかなどの問題意識をもつことができる。

（2）とらえ方・考え方

AとB、2つのグループに1から整数を交互に振り分けた時に、2で割った剰余や1の位の数、2に整数をかけていった数などの視点で共通点を見つけることができたことから類推して、同様の考え方で発展させた問題を追究することができる。

（3）合意形成能力

それぞれが調べて分かったことを持ち寄り、その共通点や差異点を整理する中で、「□つのグループに整数を順番に振り分ける時は□で割った余りで類別できる。」など、一般化したまとめを導くことができる。

③ 単元の指導計画（10時間）

「偶数と奇数」

■AとB、2つのグループに整数を1から交互に振り分ける時、それぞれのグループはどのような数の集まりになるか。（1時間）

Aには1の位が1、3、5、7、9の整数が集まっていて、Bには1の位が0、2、4、6、8の整数が集まっている。Bには2×1、2×2…のように2にどんどん整数をかけていった数が集まっている。

Aには2で割り切れない数が集まっていて、Bには2で割り切れる数が集まっている。

アクティブ・ラーニングを考える本時の問題

■□つのグループに整数を1から順番に振り分ける時や
AとB、2つのグループに○つずつ整数を1から順番に振り分ける時、それぞれのグループはどのような数の集まりになるか。（1時間）

「倍数と公倍数」

■1袋3本入りの鉛筆と4本入りのキャップをそれぞれ何袋か買って数が等しくなるようにする。数が等しくなるのは何本のときか。（2時間）
■4と6の公倍数の求め方を考えよう。（1時間）
■2と3と4の公倍数の求め方を考えよう。（1時間）
■縦6cm、横8cmの長方形の紙を同じ向きに隙間なく敷きつめてできる正方形のうち、一番小さいものの1辺の長さは何cmか。（1時間）

3と4の共通な倍数を3と4の公倍数といい、公倍数の中で最小の数を最小公倍数ということが分かりました。
公倍数は最小公倍数の倍数になっています。

「約数と公約数」

■縦12cm、横18cmの長方形の中に、合同な正方形を敷きつめる時、隙間なく敷きつめられるのは1辺が何cmの正方形の時か。（1時間）
■16、35、7、13のうち、約数の数が一番多いのと少ないのはどれか。（1時間）
■24と36の公約数を求めよう。（1時間）

12と18の共通な約数を12と18の公約数といい、公約数の中で最大の公約数を最大公約数ということが分かりました。

1とその数自身しか約数がない数を素数ということが分かりました。

第3部 「アクティブ・ラーニングの視点からみた授業改善8実践」

④ 本時の流れとアクティブ・ラーニングの姿

活用の時間　1時間目

前時のまとめ
AとB、2つのグループに1から整数を交互に振り分けた時、Aは2で割り切れない整数で、Bは2で割り切れる整数の集まりになる。

↓

前時の考察
①ならば、3つのグループや4つのグループならどうか。
②ならば、交互ではない振り分け方ならどうか。

↓

問題
次の場合にそれぞれのグループはどのような数の集まりになるか。
①□つのグループに1つずつ整数を順番に振り分ける場合。
②AとB、2つのグループに○つずつ整数を順番に振り分ける場合。

↓

見通し
□つのグループに1つずつ整数を振り分けた場合も、2つのグループに○つずつ整数を振り分けた場合も、前時の問題と同様にある数で割った余りや1の位に着目すれば共通点が見つかりそうだ。

↓

自力解決
㋐3つのグループに1つずつ整数を振り分ける場合を追究する。
㋑4つのグループに1つずつ整数を振り分ける場合を追究する。
㋒2つのグループに2つずつ整数を振り分ける場合を追究する。
　　　　　　　　　　　　　　　　　　　　　　　　　　など

↓

比較・検討
㋐3で割った余りがそれぞれ0、1、2になる数の集まりになる。
㋑4で割った余りがそれぞれ0、1、2、3になる数の集まりになる。
㋒4で割った余りがそれぞれ1と2、0と3になる数の集まりになる。
　　　　　　　　　　　　　　　　　　　　　　　　　　など

↓

まとめ
①□つのグループに1つずつ整数を順番に振り分ける場合、それぞれのグループの数は□で割った数の余りで類別できる。
②2つのグループに○つずつ整数を順番に振り分ける場合、それぞれのグループの数は○×2で割った数の余りで類別できる。

■アクティブ・ラーニングにするための教師の支援

■ 前時の考察をする場面

1つのまとめに対して、「ならば〜の時はどうなるのだろうか。」といった数値や操作などの条件に着目して問題を発展させる考え方を価値付ける。初めの頃は教師が考え方を示し、徐々に子供から出た考えを価値付けることでクラスに問題の発展のさせ方を浸透させていく。子供から出た発展した問題を取り扱うためにも、まとめ後に考察する時間を毎時間設定する。

▶「前時のまとめ・考察」の工夫はP108へ

■ 問題を設定する場面

考察で出た問題を全て取り扱うのは難しい。子供が主体的になれる問題を設定することが理想である。しかし、今ある知識・技能で解決できそうかどうかの見通しをもたせなければならない。また、2つのグループだったら、3つのグループだったらなど、数値に着目した子供が複数いたら、□つのグループだったら、と一般化した問題を設定することも考えられる。

■ 見通しをもつ場面

問題を設定する場面と前後することも考えられるが、「2で割った余りで類別できた。」など、前時で解決に至った方法を想起させ、見通しをもたせる。

■ 自力解決をする場面

この場面では1人で追究するとなると、いくつもの条件を調べることになる。授業の効率性を考えた場合、□つのグループ、○つずつなど、複数の条件が考えられる時は、個人やグループで別々の数や条件を設定して追究させると良い。

▶「自力解決」の工夫はP109へ

■ まとめを導く場面

□つのグループで分ける場合は、□で割った余りで類別できるなどの共通点を整理し、一般化したまとめを導くことで、合意形成能力が高まる。

「前時のまとめから考察の場面」の工夫
(2/10時間目)

まとめでは、条件と分かった条件を整理してまとめることが大切です。また、問題を発展させる考え方を身に付けるために、常に質の高い考えをクラスで共有し価値付けることも大事です。

●授業を変える視点

1　発展問題を考えさせるために、条件を整理してまとめる

　ここでのまとめは、本時の問題につながる前時のまとめのことを指す。まとめでは「こうである。」だけでなく「こういう時、こうである。」とすることが望ましい。こうすることで、ある一定の条件のもとのまとめだということが明確になる。このように条件に着目できることで、条件を変えたらどうなるのだろうかという思考がはたらくのである。

AとB、2つのグループに1から整数を交互に振り分けると、それぞれのグループはどのような数の集まりになりますか。

Aは2で割り切れない整数、Bは2で割り切れる整数の集まりになる!

AとB、2つのグループに1から整数を交互に振り分けた時、Aは2で割り切れない整数で、Bは2で割り切れる整数の集まりになる!
だったら、3つのグループはどうなるのかな?

→初めの条件を無視したまとめになると因果関係がとらえづらい。

→整理してまとめることで、「2つのグループ」や「交互に振り分ける」などの条件に着目しやすい。

2　発展問題を考えさせるために、まとめから考察の学習過程を徹底する

　まとめの後に考察の時間を設定しない授業も多いのではないだろうか。また、設定していても振り返りが中心となり、問題を発展させるという視点での考察は少ないのではないだろうか。考察の場面を設定しないと、せっかくまとめから発展させた問題を考えても表出できずに終わってしまう。

　考察の場面を毎時間設定することで、問題を発展させるような考えを表出できる上に、子供に「まとめをした後は考察がある。」という認識をもたせられるので、まとめから問題を発展させようとする態度が育まれていく。発展させる見方を育むためには、「数値や操作に着目しよう。」などの視点を与えたり、質の高い考察をクラスで取り上げ、価値付けたりすることが必要である。

第3部 「アクティブ・ラーニングの視点からみた授業改善8実践」

PICK UP 「自力解決の場面」の工夫
（2/10時間目）

自力解決の場面では、前時の方法や考えを適用できる場面や、少し考えを広げなくてはいけない場面に遭遇します。そのような思考を言語化させ、共有することで、深い学びへとつながっていきます。

●授業を変える視点

1 深い学びにつなげるために、前時で追究した方法からやり方を類推させる

発展させた問題を追究する際には、前時の方法を想起させる。同様の方法で解決させることで、前時の知識や技能の定着とともに深まりにもつながる。

●前時●2つのグループに振り分ける。

A　1、3、5、7、9、…　　B　2、4、6、8、10、…

| 類別の仕方 | ・2で割り切れる整数と割り切れない整数
・1の位が0、2、4、6、8の整数と1、3、5、7、9の整数 |

●本時●3つのグループに振り分ける。

前時の視点から類推して追究させる
3で割り切れるかどうかで類別してみよう。
1の位を見てきまりを見つけて類別してみよう。

A　1、4、7、10、…　　B　2、5、8、…　　C　3、6、9、…

3つのグループに振り分ける場合は、割り切れるか、割り切れないかという視点では厳密に類別ができないな。1の位にも規則性がない…。

3つのグループに振り分ける場合は3で割った余りが0、1、2で類別できるよ！

この時、「2つのグループに振り分ける場合も、割り切れるか、割り切れないかではなく、割った余りが0か1で類別する方が一般的である。」ことや、「1の位に規則性があったのは2つのグループに分ける場合の固有の特徴である。」など、前時の知識はさらに深まる。これこそ深い学びといえる。

2 多くの結果から一般化をするために、調べる対象を分担する

発展させた問題を追究させることに対する問題点として、時間の制約が挙げられる。様々な条件に対して全て調べさせていたら、多くの時間を消費してしまう。

発展させた問題では、ある程度追究の見通しは立っている。よって、様々な条件を個人やグループで分担して取り組ませることが望ましい。それぞれが持ち寄った結果の共通点や差異点を見つけ、一般化したまとめを導く活動も、前時の学習の知識が広がる、すなわち深い学びとなるのである。

編著者紹介

寺本 貴啓（てらもと・たかひろ）

國學院大學人間開発学部　准教授　　博士（教育学）

1976年兵庫県生まれ。静岡県の小学校・中学校教員を経て広島大学大学院へ学生として再び学び、その後大学教員になる。専門は、理科教育学・学習科学・教育心理学。特に、教師の指導法とそれに対する子供の学習理解の関係性に関する研究を専門としており、その研究周辺の学習評価、教員養成、ICT機器を活用した指導に関する研究に関しても日常的に行っている。

主な著書に「言語力の育成を重視したみんながわかる理科教育法（学校図書）」「学習科学ハンドブック（培風館）」「小学校理科室経営ハンドブック（東洋館出版社）」などがある。

後藤 顕一（ごとう・けんいち）

国立教育政策研究所 教育課程研究センター基礎研究部 総括研究官

1964年東京都生まれ。東京学芸大学卒、教育学修士。埼玉県の高校教諭、埼玉県教育局指導主事を経て、現職になる。2013年度は教科調査官を併任。専門は、科学教育・化学教育。国立教育政策研究所では、国内外の調査研究、資質・能力を育成する教育課程のあり方に関する研究、理系進路選択、ESD研究などに携わっている。

主な著書に「魅せる化学の実験授業（東洋館出版社）」「理科の授業研究（北樹出版）」「小学校教員採用試験 理科問題集（オーム社）」「資質・能力（東洋館出版社）」などがある。

※本書における見解は個人のもので、所属団体を代表するものではありません。

藤江 康彦（ふじえ・やすひこ）

東京大学大学院教育学研究科　准教授　　博士（教育学）

1970年静岡県生まれ。東京学芸大学、広島大学に学ぶ。お茶の水女子大学、関西大学を経て現職。専門は教育方法学・学校教育学・教育心理学。授業のコミュニケーションと子供の学習、教師の学習や熟達を支える校内研修や学校組織のあり方、校種間連携による子供や教師の学校参加や活動の変容などに関心がある。アクティブ・ラーニングの導入が子供や教師の学びをどう変えるかを探究していきたい。

主な著書に「21世紀の学びを創る：学習開発学の展開（北大路書房）」「新しい時代の教職入門　改訂版（有斐閣）」「授業研究と学習過程（放送大学教育振興会）」などがある。

執筆者一覧（執筆順）

寺本　貴啓　國學院大學人間開発学部
　　第1部第1章「小学校における資質・能力を育成するアクティブ・ラーニングの考え方」
後藤　顕一　国立教育政策研究所　教育課程研究センター基礎研究部
　　第1部第2章「アクティブ・ラーニングの視点で小学校の授業を行うにあたって心がけること」
木下　博義　広島大学大学院教育学研究科
　　第1部第3章「アクティブ・ラーニングの視点に立った深い学びの評価と授業改善」
藤江　康彦　東京大学大学院教育学研究科
　　第1部第4章「アクティブ・ラーニングの視点に立った授業研究のあり方」

松田　暢元　三鷹市立北野小学校
　　第2部「子供の思考を無視して課題を設定してはダメ！ダメ！」
　　　　　「思考を促すワークシートをいつも教師から与えるだけではダメ！ダメ！」
上島　響　町田市立鶴川第二小学校
　　第2部「『知識がたくさん身に付けば深い学びだ』ばかりではダメ！ダメ！」
　　　　　「『活動や方法』の導入が目的になっている授業をしてはダメ！ダメ！」
前川　良平　千葉市立誉田小学校
　　第2部「子供の準備が不十分なのに主体性を求めてもダメ！ダメ！」
　　　　　「『どんな考えでもよいから、とにかく話し合うことが大切』と考えたらダメ！ダメ！」
紅林　裕子　横浜市立宮谷小学校
　　第2部「全体ができていれば、一人一人もできていると考えたらダメ！ダメ！」
　　　　　「問題意識さえもてば、解決方法の見通しまでもてると考えてはダメ！ダメ！」

髙木　正之　国立市立国立第八小学校　　第3部「主体的な活動を促す工夫」
淺島　千恵　国立市立国立第三小学校　　第3部「問題意識をもたせる工夫」
河合　智史　国立市立国立第三小学校　　第3部「考え方を身に付けさせる工夫①」
鈴木　綾花　渋谷区立笹塚小学校　　　　第3部「考え方を身に付けさせる工夫②」
小水　亮子　横浜市立白幡小学校　　　　第3部「自分自身をメタ認知する」
志田　正訓　広島大学附属小学校　　　　第3部「様々な意見から判断し合意形成させる工夫」
辻　　健　　筑波大学附属小学校　　　　第3部「批判的な思考を促す工夫」
髙井　淳史　国立市立国立第三小学校　　第3部「深い学びにつなげるための工夫」

"ダメ事例"から授業が変わる！
小学校のアクティブ・ラーニング入門
―資質・能力が育つ"主体的・対話的な深い学び"―

2016年5月　第1刷発行
2016年9月　第2刷発行

編　著　寺本　貴啓　後藤　顕一　藤江　康彦
発行者　水谷　泰三
発行所　株式会社 文溪堂

［東京本社］東京都文京区大塚3-16-12　〒112-8635
　　　　　　TEL 03-5976-1311（代）
［岐阜本社］岐阜県羽島市江吉良町江中7-1　〒501-6297
　　　　　　TEL 058-398-1111（代）
［大阪支社］大阪府東大阪市今米2-7-24　〒578-0903
　　　　　　TEL 072-966-2111（代）
　　ぶんけいホームページ　http://www.bunkei.co.jp/

印刷・製本　西濃印刷㈱
イラスト　　西濃印刷㈱

Ⓒ2016 Takahiro Teramoto / Kenichi Goto / Yasuhiko Fujie. Printed in Japan
ISBN 978-4-7999-0184-7　NDC375　112P 210mm×148mm
定価はカバーに表示してあります。
落丁本・乱丁本はお取り替えいたします。